KB119456

마흔,
나는 길들여지지
않기로 했다

세상 좀 살아본 마흔들이여.

지금까지는 잘 길들여져 살아온 것에 불과하다.

이제 세상이 시키는 대로 사는 것을 거부하자.

마흔, 나는 길들여지지 않기로 했다

초 판 1쇄   2019년 07월 24일

지은이 김종선
펴낸이 류종렬

펴낸곳 미다스북스
총괄실장 명상완
책임편집 이다경
책임진행 박새연 김가영 신은서
본문교정 최은혜 강윤희 정은희

등록 2001년 3월 21일 제2001-000040호
주소 서울시 마포구 양화로 133 서교타워 711호
전화 02) 322-7802~3
팩스 02) 6007-1845
블로그 http://blog.naver.com/midasbooks
전자주소 midasbooks@hanmail.net
페이스북 https://www.facebook.com/midasbooks425

ISBN 978-89-6637-693-3 03190

값 15,000원

미다스북스는 다음세대에게 필요한 지혜와 교양을 생각합니다.

마흔, be untamed
나는 길들여지지
않기로 했다

우리를 길들이는 세상의 일방적 요구에 따르지 않아야 하는 이유, 그리고 변화의 여정

김종선 지음

미다스북스

길들여진 삶, 길들여지지 않는 삶

일반적으로 사람들은 태어나서 자라고, 교육을 받고, 사람들과 관계를 맺고, 직업을 갖고, 가정을 이루고, 자녀를 양육하고, 나이를 먹고, 마지막에는 죽는다. 인생은 'B(Birth)와 D(Death) 사이의 C(Choice)'라는 말처럼, 탄생과 시간의 흐름과 정상적인 죽음은 스스로 조절할 수 없지만, 나머지는 스스로의 판단에 의하여 선택하거나 조절할 수 있는 것들이다.

하지만 불행하게도 많은 이들이 그러한 사실을 알지 못하거나, 안다고 하더라도 자신의 자유의지로 앞으로의 삶을 선택하지 못하는 경우가 많다. 세상이 규정하는 방법으로 교육받아야 하고, 세상이 규정하는 더 좋은 직업을 갖도록 노력해야 하고, 세상이 규정하는 더 좋은 환경에서 결혼하고 가정을 이루고 아이를 키워 나가도록 강요받는다. '안정적'이라고 세상이 규정한 직업을 갖고, 최대한 그 직업을 오랫동안 유지해야 하며, 열심히 돈을 저축해서 노후를 준비하는 것이 당연한 것으로 각인되어 있다. 그 외에도 세상이 정해놓은 여러 가지 잣대를 충족하고 그 방법을 따르도록 삶을 강요받는다. 시대가 정해놓은 방법대로 살도록 고문받는 것이다.

다수의 사람은 스스로 통제할 수 있는 이 과정들을 통제할 수 없고 따라야 하는 것으로 여기며 어떻게든 세상의 압박들을 견디기 위해 안간힘을 쓰고 있다. 자신의 의지와는 다른 세상의 요구를 거부하기보다는 그저 그 앞에서 체념하고 요구에 맞추어 살려고 애쓰고 있다. 세상의 일방적인 요구에 길들여진 것이다. 이런 이유로 많은 사람이 힘겨운 하루하루를 견뎌내며 살아가고 있다. 그 안에서 모두 같은 길, 같은 생각들로 머리를 채우고 있으며, 같은 삶 안에서 우위를 따져가면서 만족과 불만족을 얘기하고 있다. 그렇게 성장하고 그렇게 나이를 먹고, 그렇게 자녀들을 똑같이 길들여간다.

나 역시 보통 사람들과 다르지 않게 살아왔으며, 이 책을 막 펼쳐 든 당신도 아마 그런 삶을 살아왔을 가능성이 매우 높다. 또 당신 스스로 그 사실을 전혀 눈치채지 못했을 뿐만 아니라 관심을 가지고 깊이 생각해보지 못했을 것이다. 나는 이 책을 통해 그 사실을 알려주려고 한다. 그리고 아주 당연하다고 생각하며 살아온 지금까지의 시간이 나를 비롯해 당신과 주위 사람들에게 어떤 것들을 심어두었는지도 알아보려 한다. 그런 면면을 마주하면서 왜 우리가 길들여지지 않아야 하는지도 얘기할 것이다.

나는 마흔 살을 앞두고 심각한 마음의 방황을 경험했다. 오랜 방황과 고민 끝에 세상의 일방적인 요구에 이끌려 살아가는 것이 얼마나 부질없는지 알게 되었다. 자신이 아닌 남들을 바라보는 삶으로 유도한다는 것도 알게 되었다. 그 깨달음 이후 나는 무작정 길들여지지 않기 위해 노력했고, 지금도 노력을 이어가고 있다. 그리고 그런 노력이 지금까지와는 다른 새로운 삶을 살 수 있는 큰 변화를 불러온다는 것도 알게 되었다. 나는 일방적 길들여짐을 서서히 거부하면서, 그간 살아온 것과는 다른 방식으로 살기 위해 시간을 사용하고 있다. 그 과정에서 내 인생의 새로운 목표들이 세워졌다. 세상의 요구에 끌려가는 삶이 아닌, 내가 이끌어가는 삶을 살기 시작하면서 많은 것들이 변화하기 시작한 것이다.

마흔, 나는 길들여지지 않기로 했다

어느 날, 나의 이런 경험과 긍정적인 변화를 마흔이 된 동료들에게도 공유해야겠다는 생각이 들었다. 내 가족, 내 친구, 주위의 많은 지인도 그저 세상의 요구에 갇혀 살지 않을 권리를 가지고 있음을 상기시켜주고 싶었다. 그저 남들과 비슷한 삶을 살기를 강요받고, 또 그런 삶의 과정을 별다른 의심 없이 수용하고, 원치 않았던 현실 앞에서 인내하고, 그로 인해 다투는 여러 마흔 살들에게 '꼭 그렇게 하지 않아도 된다'는 것을 말해주고 싶었다. 우리가 사랑으로 키워나가는 자녀들도 우리와 달리 길들여지지 않는 삶을 살도록 이끌어주어야 하는 의무가 있다고도 말하고 싶었다.

우리는 우리를 자꾸만 길들이려는 몇 가지 원인으로 인해 지금도 괴롭힘을 당하고 있다. 남들이 지향하는 꿈을 자신의 꿈으로 착각하며 살아가기도 하고, 남들이 말하는 '괜찮아 보이는' 삶을 살아나가려 애쓰기도 한다. 갖가지 사회적 · 문화적 요구 안에서 원치 않는 상황을 마주하며 관계적인 갈등과 자기 상실로 괴로워하며 살아간다. 그리고 이러한 사실을 모른 채 다음 세대를 이끌어나갈 아이들에게도 똑같이 그런 길을 걸어가며, 그 고통을 참아내며 살아가라고 말하고 있다.

나는 이러한 문제를 찬찬히 뜯어보았고 우리가 계속해서 따라야 할 만큼 합리적이지도, 타당하지도 않은 몇 가지 이유를 찾았다. 먼저 말해두자면 나는 해답을 제시하려는 것이 아니다. 또, 당신이 매일 겪고 있는 괴로움과 그로 인한 상처를 아물게 할 마법의 치료제를 제공할 수도 없다. 그런 기대를 갖기보다는 내가 지난 삶을 바라보는 관점에서 당신도 당신 삶의 과정을 돌아보며 그에 대해 깊이 있는 생각을 하면 좋겠다. 그리고 당신이 이 책을 읽고 난 후 보다 합리적인 판단을 하고 그 판단이 긍정적인 변화를 위한 선택으로 이어지기를 바란다.

앞으로 내가 제시할 여러 가지 이유에는 기존에 당신이 갖고 있던 생각과 다른 나만의 생각이 일부 포함되어 있다. 다들 아무렇지 않게 살아가는 현실에 대한 나의 다소 일반적이지 않은 생각이 불편할 수도 있다. 이제 와서 뭘 그리 힘들게 살려고 노력하는지 의아할 수도 있다. 나 혼자만의 생각으로 실현 불가능한 꿈을 꾼다며 혀를 찰 수도 있다. 흔히들 얘기하는 것처럼 순리대로 살면 되지 않느냐고 반박할 수도 있다. 하지만 나는 내 생각을 일방적으로 주입하려는 것도 아니고, 현실을 외면하자고 말하려는 것도 아니고, 고생을 자처하려는 것도 아니다. 단지 당신과 내가 겪는 비슷한 상황들을 약간은 다른 시선으로 바라보면서 주체적인 삶을 살아갈 필요가 있다고 얘기하고 싶을 뿐이다.

마흔, 나는 길들여지지 않기로 했다

아무쪼록 이 책으로 말미암아 우리를 길들여온 것들로부터 조금이나마 해방되어, 독립적이고 자율적이면서 책임감 있는 인생을 살 수 있기를 바란다. 동시에 건전하고 건강한 변화가 널리 퍼져나가는 계기가 되었으면 한다. 나아가 대다수의 마흔 살들이 한번쯤은 가져 보았을 생각을 지지하고 싶고, 작지만 위대한 변화와 도전이 시작되기를 바란다. 그리고 무엇보다 순수하고 따뜻한 가슴으로 우리를 안아주는 아이들이 주체적으로 세상을 살 수 있는 자그마한 시작이 되기를 바란다.

자, 준비가 되었다면 이제 나와 마주 앉아 본격적으로 이야기를 시작해보자.

2019년 7월

길들여지지 않으려 발버둥치는 한 마흔 살이

차례

프롤로그 길들여진 삶, 길들여지지 않는 삶 004

PART 1 **길들여진 삶**

Chapter 1   **나는 그동안 잘 길들여져 왔다**

들개로 자라지 못하다 017 I 집 지키는 개의 최후 024 I 드디어 목줄을 풀다 029 I

다시 울타리에 갇힌 삶 034

PART 2 **낡은 울타리들**

Chapter 2   **첫 번째 울타리 : 유교의 배설물**

들어가며 047 I 차별을 부추기는 사상 048 I 서열이 그렇게 중허냐? 중허냐고?

052 I 기울어진 저울 : 일방적 의사소통 066 I 무덤에 파묻혀버린 다양성 069 I 본

질 망각 : 목적 상실의 시대 073 I 밑 빠진 독에 물 붓기 077 I 자아 상실과 꾸며진

삶 083 I 마치며 089

Chapter 3   **두 번째 울타리 : 낡은 교육**

들어가며 095 I 성적 만능주의의 진짜 모습 097 I 사실, 우리는 속고 있다 102 I

대학 졸업장은 행복 보증수표가 아니다 111 I 학교는 모순 덩어리다 124 I 길들

여짐의 대물림 133 I 학력도 인플레이션을 먹고 자란다 144 I 행복 방정식은 따로

있다 150 | 두려움에는 끝이 없다 157 | 진짜로 배워야 할 것은 따로 있다 166 |
과연 목적은 무엇인가? 171 | 마치며 177

Chapter 4　세 번째 울타리 : 잘 길들여진 군중들
들어가며 181 | 훼방꾼들 184 | 있지도 않은 정답을 좇으라는 사람들 190 | 비교
하기 바쁜 삶을 사는 사람들 195 | 나이의 이정표를 지키며 살라는 사람들 206 |
실패를 피하도록 가르치는 사람들 212 | 마치며 220

PART 3 **나는 길들여지지 않기로 했다**

Chapter 5　**나만의 울타리를 세우다**
들어가며 227 | 울타리 탈출하기 228 | 무의미한 경쟁에서 눈을 돌리다 235 | 유
교의 배설물을 치워나가다 246 | 비교하면 뭐가 달라지나? 261 | 남에게 의존하
지 않는 삶 269 | 어디에도 틀린 인생은 없다는 사실 276 | 어쩔 수 없다는 그럴싸
한 핑계는 이제 그만 283

에필로그 이제, 당신 차례다 292

길들여지지 않은 마흔들의 이야기
❶ 배우 허성태 041 | ❷ 소설가 아사다 지로 063 | ❸ 한솥도시락 대표이사 이영
덕 091 | ❹ 석봉토스트 대표이사 김석봉 110 | ❺ KFC 창업주 커넬 샌더스 141 |
❻ 발명가이자 사업가 조이 망가노 164 | ❼ 소설가 알렉스 헤일리 176 | ❽ 치어리더
로라 비크매니스 202 | ❾ 집카와 버즈카의 창립자 로빈 체이스 219 | ❿ 변호사 오세
범 260 | ⓫ 정리 컨설턴트이자 기업인 나영주 289

PART 1

길들여진 삶

Chapter 1

나는 그동안
잘 길들여져왔다

"자신에게 명령하지 못하는 사람은
남의 명령을 들을 수밖에 없다."

– 프리드리히 니체

be untamed

들개로
자라지 못하다

　초등학교를 졸업하기 전후였던 것으로 기억한다. 평소 운동을 무척이나 좋아하던 나는 어느 날 야구선수가 되고 싶다는 꿈을 갖게 되었다. 그 시절 내가 살던 도시를 연고지로 하는 야구팀이 우승을 하고 그 인기에 더불어 또래들이 너나 할 것 없이 리틀 야구단에 가입하는 붐이 일기는 했지만, 그런 분위기를 떠나 나는 꽤 진지했다. 과학자니 대통령이니 친구들이 좋다거나 어른들이 좋다는 장래희망을 별생각 없이 진짜 내 꿈인 척했던 것과는 달리, 오롯이 나 자신이 되고 싶은 진정한 꿈이 생긴 것이었다.

17

내 꿈을 부모님께 말씀드렸다. "저, 야구선수가 되고 싶어요."라고. 어떤 대답이 돌아왔을까? "그래, 아들아, 꿈이 생겼다니 축하한다. 네 꿈을 향해 마음껏 나아가 보려무나. 우리가 도와줄 거란다."라고 대답하셨을까? 천만의 말씀이다. 내게 돌아온 대답을 요약하자면 이렇다.

"그런 직업을 가지려 하는 것은 굉장히 큰 위험 요소가 따르는 도박과 같은 것이며 실패할 확률이 높단다. 무엇보다 힘들고 돈도 많이 든단다. 우리 형편은 그러기 힘들고, 더군다나 운동선수는 다치면 모든 게 끝이란다. 그 뒤로는 실패한 인생을 살아갈 가능성이 크단다. 그러니 위험 부담이 적은 안정적인 직업을 가질 수 있도록 공부를 열심히 해라. 최소한으로 소비하고 최대한으로 돈을 모아라. 그 돈으로 생계를 꾸려가며, 미래를 대비해야 한단다. 그러니 대학을 졸업하고 취직해서 오래도록 일해라."

결론은 내 꿈을 포기하고 공부에 집중해서 좋은 성적을 받고 좋은 학교에 진학해 직장인으로 살아가라는 얘기였다. 나는 무척 실망했다. 주위 사람들 대부분이 공부야말로 모든 것을 해결해주는 '마법의 물약'이라고 입을 모아 얘기했다. 삼촌도 이모도 고모도 할머니도 할아버지도 모두들 그랬다. 공부를 열심히 하라고. 그것이 정답에 가까운 삶을 사는 방법이라 배웠다. 나는 그것이 진짜라고 믿을 수밖에 없었다.

내 의지와 달리 '열심히 공부해서 좋은 직장을 갖는 것'을 꿈으로 정하게 된 그날의 대화는 이후의 내 인생을 '길들여짐'이라는 감옥에 가둔 하나의 사건으로 작용했다. 그 사건 이후 나는 들개로 자라지 못했다. 야생에서 치열하게 살아가는 대신, 안락함과 평안함이 보장될 것이란 사탕발림에 넘어간 온순한 개로 길들여지고 있었다. 나는 몰랐다. 그것이 길들여지고 있는 것인 줄. 그렇게 살아가면 모든 것이 순탄할 것이라 생각했다.

시키는 대로 열심히 공부했다. 다행인지 불행인지 성적은 상위권에서 놀았다. 주위에서는 나를 공부 잘하는 똑똑한 아이, 착한 아이로 여겼다.(실제로 성적이 좋으면 말 잘 듣는 착한 아이라는 칭찬을 들었다.) 그렇게 꾸준히 해서 학교를 졸업하면, 어른들이 얘기했던 평온하고 안정적인 삶에 한 발 더 가까워질 것이라 여겼다. 여전히 내 DNA는 야구선수가 되어야 한다고 말하고 있었지만, 그건 위험 부담이 크고 경제적인 압박을 주는 불안정한 직업이라는 최면을 걸어 억지로 눌러 참아야만 했다.

그렇게 6년의 시간이 더 흘러갔다. 평탄한 삶을 위해 반드시 넘어야 할 중요한 고지가 눈앞에 있었다. 하지만 나는 한 번에 그 고지를 넘지 못했다. 대입 시험에서 낙제점을 받은 것이었다. 형편없지는 않았지만 목표로 하던 대학에 입학할 자격이 내게는 주어지지 않았다. 경제적인 부담이 큰 사립대학에 지원조차 할 수 없었던 원인도 한몫했다. 내 실력을 너무 과신한 나머지 만일의 사태에 대해 전혀 준비가 되어 있지 않았다. 내 인생에서 마주한 첫 번째 시련이었다.

그때 깨달았어야 했다. 공부를 잘한다고 누구나 훌륭한 사람이 되지도 못한다는 것을, 훌륭한 사람이란 공부를 잘하는 사람이 아니라는 것을. 공부를 잘한다는 것은 그저 학교라는 집단이 만들어낸 조잡한 시험 문제의 정답을 찾아내는 얄팍한 기술이 뛰어나다는 의미인 것을 말이다.

사실 그 시점에서 군대에 지원할 수도 있었다. 그리고 부모님도 그러길 원했다. 하지만 내가 길들여져 온 12년이란 시간과 어설프게 좋았던 성적이 발목을 잡았다. 그렇게 입대하기에는 그간의 노력이 너무나 아까웠고, 내 자존심이 허락하지 않았다. 그리고 그 상황에서 입대를 하면 루저가 되는 것이라 단단히 착각했다. 남들보다 뒤처지고 행복해질 확률이 떨어질 것이라 여겼다. 불안했다. 그리고 무서웠다. 하지만 대안이 없었다. 내가 할 수 있는 것이라곤 긴 시간 나를 길들여온 공부가 전부였다. 결국, 1년의 재도전을 결정했고 힘겹게 목표를 달성할 수 있었다.

더 이상 교복을 입지 않는 것과 성인으로서 누리는 몇몇 자유로움을 제외하고는 세상의 길들임은 기존과 별반 다르지 않았다. 역시나, 내 마음가짐도 기존과 다르지 않았다. 내가 무엇을 잘하고 싶은지, 어떤 가치를 더 높이고 싶은지에 대한 생각은 그다지 해보지 않았고 그럴 계기나 여유도 없었다. 어차피 어려서부터 나라는 사람의 가치를 찾게 도와주는 사람은 아무도 없었기 때문에 대학생이 되어 찾지 못한다고 해서 크게 불만은 없었다. 그저 안정적인 직업을 가질 수 있는 취업의 문턱을 넘어야 하고, 이왕이면 남들보다 내가 가진 능력을 더 인정받아 높은 연봉을 보장해주는 곳에 입사하기 위해 무언가를 계속해서 쌓아가야 했다. 내가 원하던 것은 아니었다. 다만 세상이 그렇게 요구했고 그 길을 가도록 길들여져 왔기에 너무나도 당연한 것이라 생각했을 뿐이다.

결국, 각종 성적과 경력과 잡다한 스펙을 갖추는 데 혈안이 될 수밖에 없었다. 그것이 전부여야 했고, 딴짓은 남은 인생을 망치고 싶은 사람들이나 하는 것이라 여겨야 했다. 경쟁력을 갖추기 위해 불필요한 곳에 돈을 쏟아부었고, 어디에 써먹을지도 모르는 전문 지식을 이해하려고 잔뜩 열을 올렸다. 쉽지도 않았다. 스트레스가 이만저만이 아니었지만, 꾹 참고 견뎌야 했다. 그래야 한다고 여겼다. 이제 조금만 더 참고 나아가면 어른들이 그토록 말하던 안정적인 직장을 가질 수 있었기 때문이다.

그때는 몰랐지만 나를 포함한 주위 많은 사람에게 대학이라는 곳은 전문적인 지식의 습득보다는, 그저 좋은 직장을 갖기 위한 징검다리에 불과했다. 내가 아는 한, 내 주위 그 누구도 그와 다른 생각과 목표를 가지고 있는 사람은 없었다. 그들도 결국 나와 다르지 않은 모습이었다. 사람들 하나하나 각자 다른데도 원하는 것은 같았고, 심지어 같은 목표를 바라보며 살았다. 그런 갖가지 환경들과 이유로 세상이 원하는 껍데기는 그럭저럭 갖추어나갔지만, 사실 알맹이는 보잘것없었다.

그렇게 4년이라는 시간이 흘렀다. 운이 좋게도, 졸업을 얼마 남겨두지 않고 직장을 얻을 수 있었다. 여기서 한 가지 더 우스운 점은, 나는 그 회사에만 지원했지, 특별히 내가 원하는 부서가 있지 않았다는 것이다. 내가 어떤 일을 어떤 부서에서 하고 싶은지보다는 돈을 벌 수 있다는 그 사실이 더 중요했기 때문이다. 그것이 장시간 길들여져 온 내 진짜

마흔, 나는 길들여지지 않기로 했다

모습이었다. 내 가치를 찾아가도록 배우지 못했고, 내 꿈을 찾고 이루기 위해 스스로 길을 가도록 교육받지 못했던 과정이 불러온 아주 당연한 결과이기도 했다.

어찌 되었든 감격스러웠다. 자그마치 17년을 힘겹게 달려와 부모님이 정해준 목표를 달성했다. 이제 내게 남은 숙제는 내 손으로 당당히 돈을 벌어 세상이 말하는 '안정적인' 삶을 살면 되는 것이었다. 사람들이 말하는 적령기에 결혼하고, 적령기에 아이를 낳고, 때가 되면 승진해서 더 많은 급여를 받으며 집을 구하고 차를 구하고 빚을 갚아 나가고 돈을 모아 가면 되었다. 그렇게만 살면 부모님과 친척들이 얘기한 것처럼 행복해질 것이라 믿었다. 세상 모든 것을 가졌다고 생각할 만큼 기뻤다. 사회라는 현실이 갑과 을로 구분되는 썩어 문드러진 생태계라는 것과 오랫동안 학업에 쏟아부은 나의 노력이 거품에 지나지 않았다는 사실을 마주하기 전까지는.

집 지키는 개의
최후

갓 입사를 한 내게 주어진 일은 의외의 것이었다. 프로그램을 이용해 간단한 자료를 정리하는 것이었는데 그다지 어렵지 않았다. 왜 해야 하는지 목적은 알려주지 않았지만 간단한 일을 주는 것이니 마다할 이유도 없었다. 내 일은 그런 간단한 문서 작업과 현장에서 벌어지는 일들을 확인하고 상급자에게 보고하는 등 비교적 어렵지 않은 일이었다.

선배 직원을 졸졸 따라다니며 어깨너머로 하나하나 배워나갔다. 사실 배웠다고 표현했지만 나는 그들에게서 배운 것이 없는 거나 마찬가지였다. 가르쳐주지 않았기 때문이다. 그때의 나는 그저 선배 직원들이 어떻

마흔, 나는 길들여지지 않기로 했다

게 하느냐를 눈치껏 보고 익혀서 그대로 따라 할 뿐이었다.

그런 행동에는 이유가 있었다. 당시 내 머릿속에는 '모르는 것은 부끄러운 것'이란 생각이 자리잡고 있었다. 아마 학교에 다니면서 "아니 어떻게 그런 것도 모를 수가 있어?", "틀렸어"와 같은 말에 노출되어 온 영향이 컸을 것이다. 그 탓에, 궁금한 것을 능동적으로 물어가면서까지 적극적으로 알려고 하지 않았다. 새파란 신입 사원이 모르는 것이 당연한데도 무언가를 모른다는 사실을 남들에게 들키고 싶지 않았다. 그런 이유로 사람들 앞에서는 아는 '척', 이해한 '척'을 하며 나 자신을 과대 포장했고, 뒤에서는 '척'을 진짜 내 것으로 만들기 위해 혼자서 끙끙대야 했다. 다른 사람들에게 보이는 것과 달리, 나는 그저 그들이 쳐둔 울타리 안에서 자라며 그들을 흉내 내는 앵무새와 다를 바 없었다.

그렇게 몇 개월이 흘렀다. 나는 무난하게 적응했고, 주어진 일도 잘 처리해나갔다. 어느 시점부터는 혼자서 처리해야 하는 일들이 하나둘 주어지기 시작했다. 그때부터 문제가 하나씩 생기기 시작했다. 그동안 앵무새처럼 배웠기 때문에 기존과 비슷한 일은 어떻게든 해나갔지만 생소한 일 앞에서는 아무것도 할 수 없었다. 어디서부터 시작해야 할지 도무지 방향을 잡을 수 없었고 땀을 삐질삐질 흘리며 전전긍긍할 수밖에 없었다. 결국, 선배 직원을 찾아가 물었다.

그 물음은 내게 2가지 결과로 돌아왔다. 하나는 야단과 압박이었다. "그 정도 배웠으면 알아서 할 일이지 왜 매번 물어보냐?" "그것도 모르냐?"

물론 무언가를 배웠다. 하지만 제대로 배운 것일까? 나는 도대체 무엇을 배운 것일까? 사실 곰곰이 생각해보면, 선배 직원들은 내게 무언가를 하라고만 지시했지, 그게 왜 필요하며 무엇을 위해 하는 일인지는 전혀 알려주지 않았다. 그냥 그렇게 하면 된다고만 일러줬다.

나머지 하나는 그런 상황이 내게 주는 답답함이었다. 일의 목적과 이유를 모르니 다른 어떤 업무를 할당받아도 무엇을 어떻게 해야 하는지, 잘하고 있는지 아닌지 혼자서 판단할 수 없었다. 답답함 그 자체였다. 그 답답함은 나를 오랫동안 괴롭혔다. 그리고 나를 무너뜨렸다.

1년 정도 지나 외국 바이어와 일할 기회가 생겼다. 내 업무 능력을 활용해서 실력을 뽐내고 인정받을 수 있는 좋은 기회가 될 수 있을뿐더러, 처음으로 외국인들과 일을 할 수 있다는 기대에 사로잡혔다. 하지만 그 기대가 두려움으로 자리잡기까지는 그리 오래 걸리지 않았다.

마흔, 나는 길들여지지 않기로 했다

현실은 현실이었다. 바이어는 내게 많은 것을 물었는데, 나는 제대로 대답할 능력을 갖추지 못한 상태였다. 아니, 사실 제대로 대답하고 대처할 수 있는 훈련을 받지 못했다는 표현이 맞겠다. 아주 당연했다. 그저 시키는 것이나 잘하고 그들을 흉내 내는 것에만 능통한, 그 모습을 스스로 과대평가하기에 급급했던 '잘 길들여진' 직원에 불과했기 때문이다. 나는 혼자서는 아무것도 할 수 없는 허수아비에 불과했다. 다행히 함께한 동료들의 도움으로 곤란한 상황은 모면했지만 뜨거워진 내 얼굴은 쉽게 식지 않았다.

과정과는 무관하게 수고했다고, 괜찮다고 말하는 그들 앞에서 나는 한없이 부끄러워야 했다. 화려한 가면 속에 가려져 있던 내 진짜 모습이 드러나는 순간이었다. 괜찮은 스펙과 괜찮은 성적으로 괜찮은 직원이란 시선까지 받았던 나의 자존감은 와르르 무너지고 말았다. 입시에서 좋은 성적을 받지 못한 이후 두 번째로 마주한 시련과 허탈감이었다.

어린 시절 들었던 어른들의 말은 죄다 거짓말이었다. 나는 오랜 기간 공부 잘하는 학생으로 주변의 기대와 칭찬을 받아왔고, 장학금을 받으며 대학교에 다녔고 졸업장까지 취득했다. 하지만 훌륭한 사람도 되지 못했고 행복하지도 못했다. 직장에서는 허우대 멀쩡하고 똑똑한 직원처럼 보였지만 사실 혼자서는 아무것도 할 수 없는 어린아이나 마찬가지였다.

  몇 번의 유사한 경험 끝에 나는 나 자신을 잘 길들여진 한 마리 '집 지키는 개'로 정의했다. 주인이 물라면 물고, 먹으라면 먹고, 목줄을 묶으면 자유롭게 어디에도 가지 못하는 개와 다를 바 없었기 때문이다. 많은 감정이 교차했고 엄청난 정신적 압박에 시달려야 했다. 탈출구가 필요했다. 더 이상 잘 길들여지지 않은, 독립적인 나로 거듭나야 했다. 변화는 그 이후부터 시작되었다. 혼자서 처음부터 다시 시작하기로 마음먹었다.

드디어
목줄을 풀다

먼저 내가 하는 일의 목적을 찾기로 했다. 시키는 대로 무언가 열심히는 했는데, 그게 왜 필요한지, 왜 해야 하는 일인지를 알지 못하면 나는 여전히 그 상태에서 머무를 수밖에 없다는 것을 깨달았기 때문이다. 내가 경험한 부끄러운 상황들과 그런 상황을 만든 이유, 그리고 의문점들을 하나씩 백지에 끄적여 넣었다. 단번에 힌트를 찾을 수는 없었지만 포기하지 않았다. 어딘가에 분명히 힌트가 있을 것이라 믿었기에 흩어져 있는 작은 퍼즐 조각들을 하나둘씩 맞추어나가기 시작했다. 가장 열심히 들여다본 것은 바이어로부터 욕을 먹게 만든 허점투성이 보고서였다. 그 안에 무언가가 있을 것만 같았다. 그러던 중, 빨간색 펜으로 보기 싫은 줄이 수두룩하게 그어져 있던 보고서에서 나는 힌트를 찾았다. 그것은 "왜?"였다.

"왜 이런 문제가 생겼나요?"
"왜 문제가 확인되지 않았나요?"
"왜 우리에게 문제투성이 제품이 배송되었나요?"
"왜 같은 문제가 반복되나요?"

그랬다. 나를 허수아비로 만들었던 수많은 질문은 모두 '왜?'를 포함하고 있었다. 나는 그 물음이 엄청나게 단순하지만 결코 단순하지 않은 결과를 이끌어낸다는 것을 깨달았다. 나는 아무 생각 없이 시키는 대로 해오던 일에 그 질문을 욱여넣어 보았다.

'이 일은 도대체 왜 해야 하는 것일까?'
'그럼 저 일은?'
'다른 부서는 왜 그 일을 하는 것일까?'

해답을 찾아가기 위해 사람들이 거들떠보지도 않는 각종 자료들을 펼쳐두고 고민을 거듭했다. 바이어가 마음에 들지 않는다며 지적한 보고서를 수십 번도 넘게 고쳐 써내려가면서 계속해서 묻고 답을 찾으려 노력했다. 시간이 흐르면서 조금씩 실마리가 보이기 시작했다. 질문에 질문을, 생각에 생각을 반복했다. 그러던 어느 날, 내 머릿속 여기저기에 흩어져 있던 퍼즐 조각들이 제 위치로 모두 들어가 하나의 그림이 완성되었다. 그 순간의 나는 아르키메데스이자 머피 쿠퍼(영화 〈인터스텔라〉의 등장인물이다. 인류를 구할 수 있는 해답을 찾은 후 '유레카!'를 외쳤다.)였다.

그 후 나는 기존과 다른 직원으로 거듭났다. 바이어의 질문에 명쾌하게 대답하는 것은 물론이거니와 도리어 설득하기도 했고, 상사를 비롯한 여러 동료도 그런 나를 기존과는 완전히 다른 눈으로 쳐다보기 시작했다. 그들의 눈치를 보며 전전긍긍하던 내가 아닌, 회사의 당당한 일원이 되어갔다. 그렇게 나는 스스로 일궈낸 경이로운 변화와 아름다운 결과물을 마주하기 시작했다. 그제야 비로소 나 자신을 찾아가고 있었다. 더 이상 '집지킴이 개'가 아니었다. 그저 시키는 것만 하지 않으려는 발버둥이, 길들여지지 않으려는 노력이 확고한 정체성을 찾도록 도와주었다.

나는 소위 '에이스 직원'으로 인정받기 시작했다. 게다가 누군가에게는 싸움꾼이기도 했다. 직급이나 나이를 떠나 업무적으로 할 말은 당당하게 하는 직원이었다. 이전에 없던 확고한 정체성이 당당한 주장으로 드러나기 시작한 것이다. 그렇게 되기까지 약 2년이 걸렸다. 멈추지 않았던 내 노력이 가져다준 깨달음으로 나는 주도적인 직원으로 거듭날 수 있었다. 그리고 그때의 변화로 10여 년 동안 꾸준히 인정받는 직원으로 탄탄대로를 이어가게 되었다. 주어진 상황에만 길들여지지 않으려는 도전이 내 목에 채워져 있던 목줄을 내 손으로 풀 수 있게 도와주었던 것이다.

잠깐, **읽어보자!**

뒷다리에 5cm의 족쇄를 차고 있는 완전히 다 큰 코끼리가 있다. 족쇄는 2m 길이의 사슬에 연결되어 있고, 사슬은 땅에 박혀 있는 말뚝에 묶여 있다. 코끼리가 원하기만 한다면 언제든지 그 정도의 말뚝은 뽑아낼 수 있다. 그러나 코끼리는 그렇게 하지 않는다.

코끼리가 사슬에 묶였던 때는 아주 어렸고 그때는 그것을 뽑을 만큼 힘이 세지 않았다. 처음에는 말뚝을 뽑아내려고 여러 번 시도했지만 얼마 안 가서 그래 봐야 소용없다는 것을 깨닫게 되었고, 그것을 어쩔 수 없는 자기 삶의 조건으로 받아들이기 시작했다.

그래서 스스로의 힘으로 벗어날 수 있을 만큼 충분히 힘이 세졌을 때도, 코끼리는 더 이상 시도하지 않는 것이다. 건초와 물, 이따금씩 땅콩을 얻을 수 있는 약 1.8미터 정도의 반경 속에서 생활하는 것에 만족하며 지낸다. 코끼리들은 자기들이 쉽게 뽑을 수 있는 말뚝에 묶여 있으면서도 불이 날 경우 도망도 못 가고 그냥 죽어야 하는 것으로 알고 있다.

– 보브 좀머, 『사이코 사이버네틱스 2000』, 「코끼리의 족쇄」

다시
울타리에 갇힌 삶

"모든 시대에는 시정해야 할 새로운 오류와 저항해야 할 새로운 편견이 존재한다."

– 새뮤얼 존슨

직장에서 당당하고 독립적인 직원으로 거듭났지만 그 안에서의 과정들이 모두 순탄하지만은 않았다. 합리적이고 논리적인 업무 처리와는 무관하게 규정을 가볍게 무시하는 소위 '윗사람들'의 입김에 저항할 수 없는 경우를 맞닥뜨리기도 했고, 바이어들은 내게 말도 안 되는 사적인 요구도 서슴지 않았다. 하지만 내 생각대로 그들의 요구를 무시할 수만은 없는 것이 현실이었다. 나이와 직위를 논하며 일방적으로 명령하는 상사도 따르기 싫었지만, 쉽게 거부할 수도 없었다. 게다가 이미 주위 다른 사람들에게는 '이해할 수 없지만 수용하고 따라야 해.'라는 불문율이 머

마흔, 나는 길들여지지 않기로 했다

릿속에 자리 잡고 있었다. "원래 그런 거야.", "어쩌겠어. 직장생활이란 게 그렇지 뭐."라는 말에 다시 길들여져가고 있었다. 목줄을 푼 들개가 되었지만, 나는 또 다른 장벽에 다시 가로막히고 말았다.

반면, 직장 밖에서의 나는 여전히 잘 길들여진 30대에 불과했다. 그저 남들처럼 정해진 시간에 출근해 정해진 시간을 넘기며 일하고, 부모님이 알려주신대로 최대한 돈을 아껴 쓰며 부지런히 은행에 돈을 모아나갔다. 그 외에도 안정적인 삶을 위협할 만한 요소들은 철저하게 기피했다. 나만의 고유한 삶의 목표가 없다 보니 그들의 정보력에 의존하며 그들이 옳다면 옳은 줄로만 알고, 틀렸다면 틀린 줄로만 알고 살아갔다. 내 생각, 내 판단, 내 결정보다는 타인에게 초점이 맞추어져 끌려다니는 삶을 살고 있었다. 세상이 말하는 가장 안정적이고 평범한 삶을 유지하는 것, 소비를 줄이고 꾸준히 저축해 노후를 준비하는 것, 부모님이 내게 알려준 그 삶은 30대가 되어서도 내 인생의 목표로 자리잡고 있었다. 나 스스로 생각한 내 인생의 방향과 목표는 어디에도 없었다.

그러든 말든 시간은 계속해서 흘러갔다. 사랑하는 여자와 결혼했고 아이를 낳았다. 빚을 내고 집을 장만했다. 쳇바퀴 같은 삶이 이어졌고, 빚보다 빠른 속도로 30대를 지나 마흔을 맞이했다. 28번의 명절을 보내며 각종 매스컴과 지인들로부터 '시댁'에 얽힌 총성 없는 전쟁 이야기를 빠지지 않고 접해왔다. 해가 지나도 끊이지 않는 가족들의 일방적 요구로 인한 마찰은 나 혼자만의 문제가 아니었고 지금도 계속되고 있다. 아이의 미래를 함께 준비해야 하는 시기가 다가오자 "어떤 학교가 어떻다더라.", "어떤 학원이 좋다더라.", "몇 살에 무엇을 준비해야 한다더라.", "어떤 동네로 이사해야 한다더라.", "학원에 보내지 않으면 친구가 없다더라.", "그 정도 시켜서는 턱도 없다더라."라는 '거지 같은' 말도 가끔 듣고 있다.

평범한 삶을 유지해주던 직장에서는 내 의지와는 전혀 상관 없는 크고 작은 변화들이 하루가 멀다 하고 일어나고 있다. 그 와중에 자신의 의지와 무관하게 여기저기로 이동하거나 떠나게 되는 동료들을 보아왔고, 이제는 내가 언제 쫓겨날지 걱정해야 하는 시점이 서서히 다가오고 있다.

나는 내가 마주한 이러한 현실이 싫었다. 어른들의 말대로 안정적이지도, 그다지 평범하지도, 그리고 나를 항상 행복하게 해주지도 않았기 때문이다. 더불어 이런 현실은 40년 동안 세상에 잘 길들여져 살아온 과정이 내게 선물해준 '아름다운' 결과물이라는 것을 알게 되었다. 내 의지로

마흔, 나는 길들여지지 않기로 했다

무언가를 하면서 살아온 시간은 그저 길들여져 살아온 시간에 비해 절대적으로 적었다는 것도 함께 말이다.

이런 현실을 그냥 두고 볼 수만은 없었다. 어떻게든 답을 찾아야 했다. 14년 전으로 돌아가 혼자서 고민하던 순간을 다시 소환해야 했다. 내가 이렇게 원치 않는 삶을 살아온 이유, 인정하기 싫은 현실이 내 눈앞에 있는 이유를 알아야 했다. 그것이 내가 지금까지와는 다른, 앞으로도 계속될 세상의 길들임에서 벗어날 수 있는 해답을 줄 수 있을 거라 생각했다. 그리고 그 해답을 아이와 아내에게도 알려주어야 했다. 나는 혼자만의 고민은 물론 주변 사람들과의 다양한 대화를 거치면서, 많은 사람이 몇 가지 공통적인 요소에 의해 길들여져왔다는 것을 알게 되었다.

첫 번째, 일반적으로 대학 4년을 포함한 16년 동안 우리는 계속해서 정답을 찾아가는 요령을 터득하도록 길들여져왔을 뿐이며, '누가 더 우수한가?'라는 경쟁 구도에서 상대적으로 좋은 위치를 차지하기 위해 공부해왔을 뿐이다. 살아가는 데 직접적인 도움을 받거나, 직장 생활에 크게 도움이 되거나, 세상의 위험 요소로부터 보다 안전해지도록 스스로를 지키는 능력은 거의 키우지 못했다. 학교는 생존을 위한 각종 필수적인 지식들을 결코 알려주지 않는다. 우리나라 교육은 허울뿐인 성적 만능주의에서 헤어나지 못하고 있으며, 많은 사람이 그 울타리 안에서 진짜 교육의 목적을 잃어버린 채 무의미하고 과도한 경쟁을 하면서 병들어가고 있다. 그리고 대안은 없다는 듯 너나없이 억지로 그 시스템 안으로 등 떠밀려 반 포기상태로 길들여진다.

두 번째, 사람들의 삶은 굉장히 다양함에도 불구하고 다양성을 존중하지 않는 관습과 통념들이 우리를 괴롭히고 다투게 한다. 시간이 흐르면 많은 것이 합리적인 방향으로 변해야 하는 것이지만 자꾸만 낡은 문화에 사람들을 가두어두고 통제하고 길들이려 한다. 그 중심에 있는 유교의 배설물들이 길들임을 주도하고, 썩어 문드러진 교육 시스템이 그런 현상을 유지시키고 있다.

세 번째, 잘 길들여진 군중이 자신들뿐만 아니라 모두를 길들여짐의 울타리에 가두려 한다. 울타리 밖은 위험하다고 한다. 기회가 많지 않다고 한다. 어차피 다시 울타리 안으로 돌아올 것이라 말한다. 두려움의 힘을 바탕으로 더 큰 두려움을 만들어 평생 길들여진 삶을 살도록 유도한다. 누군가가 울타리 밖으로 나가 자신들이 이루지 못한 무언가를 이루려고 시도하면 훼방을 놓으며, 울타리가 자신들에게 부여한 권한을 잃지 않으려고 애쓴다. 그들은 울타리 문을 지키고 서서 "남들도 다 그렇게 살아. 그냥 그렇게 사는 거야.", "틀렸어.", "그렇게 살면 위험해.", "미친 거

아냐?"라는 허튼소리들을 늘어놓으며 그곳에서 벗어나려 하는 사람들을 가로막는다.

네 번째, 이런 이유로 많은 사람이 자아를 잃어버린다. 그리고 울타리 안의 삶에 안주하고 적응해버리고야 만다. 그 안에 똑같이 길들여진 사람들과의 경쟁에서 승패와 우열을 가리기에 급급하다. 비교에서 비롯되는 자기 비하, 좌절, 실패 의식, 다양성을 무시하는 문화에 물들어 스스로가 남들에게 평가받는 것에 익숙하다. 그리고 원치 않는 무언가를 열심히 해나가며 그 안에서 억지로 행복을 찾는다. 본인이 원하는 삶이 아닌 가족을 비롯한 주위의 누군가가 주문한 꾸며진 삶을 살아간다.

많은 이들이 제각각 다른 삶을 사는 것 같지만, 잘 들여다보면 다들 굉장히 비슷한 삶을 살아간다. 그렇게 길들여져왔기 때문이다. 앞서 언급한 4가지 요소들의 아름다운 조화는, 사람들이 "그래야 해."라고 말하는, 세상이 정해 놓은 울타리에 길들여지는 것을 당연시 여기도록 만들었다. 그 결과 세상이 정해놓은 방식을 거부하려는 사람들을 우려의 시선으로 바라본다. 그리고 그런 그들의 생각과 다른 방식으로 살아가려는 시도는 마치 정답에서 벗어나는 삶을 사는 것으로 단정 짓기도 한다. 안타깝게도 우리는 그 안에서 정작 '왜' 그래야 하는지에 대해서는 그다지 관심을 두지 않고, 그저 대중이 세워 놓은 생각을 당연한 것으로 여기며 살아가고 있다. 그 안에서 서서히 길들여져가고 있는 것도 모른 채.

나는 그런 현실이 싫었다. 그래서 우리를 둘러싸고 있는 대표적인 길들여짐의 울타리에 대해 물음표를 붙여보았고, 꼭 그렇게 하지 않아도 되는 몇 가지 이유를 발견했다. 이제, 그 안으로 들어가보자.

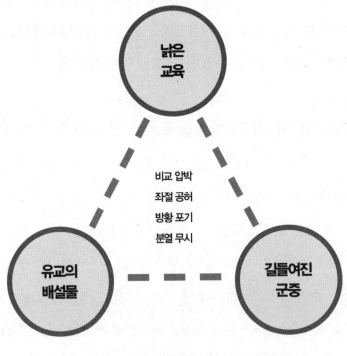

〈길들여짐의 울타리〉

마흔, 나는 길들여지지 않기로 했다

길들여지지 않은 **마흔**들의 이야기

❶ 배우 허성태

결혼 6개월 차, 과장 진급을 앞두고 있던 그는 우연히 한 TV 오디션 프로그램에 접수하게 되고, 그것을 계기로 연예계에 발을 들여놓게 된다. 높은 연봉을 보장하는 대기업을 그만두고 서른다섯의 나이에 연기에 도전하여 배우가 되기에 이른다.

가족과 지인들은 "그런 것을 왜 하느냐?"라며 말렸지만 그의 의지를 꺾을 수는 없었다. 아내의 응원도 그의 결정에 큰 몫을 했다.

결국 그는 6년간의 힘겨운 무명 생활을 거치고, 우리가 잘 아는 영화 〈밀정〉, 〈남한산성〉, 〈범죄도시〉를 비롯해 TV 드라마 등에서 탄탄한 연기 실력을 뽐내며 대중들의 사랑을 받고 있다.

42

마흔, 나는 길들여지지 않기로 했다

43

PART 1 길들여진 삶

PART 2

낡은 울타리들

Chapter 2

첫 번째 울타리 :
유교의 배설물

"남을 너그럽게 받아들이는 사람은 항상 사람들의 마음을 얻게 되고,

위엄과 무력으로 엄하게 다스리는 자는 항상 사람들의 노여움을 사게 된다."

– 세종대왕

be untamed

들어가며

우리나라는 사람들 간의 관계에서 서열을 따지는 것을 당연시한다. 그 것에 따라서 할 수 있는 것과 없는 것, 해도 되는 것과 해서는 안 되는 것 이 정해져 있기도 하다. 또한 비상식적이고 비합리적인 전통의 무조건적 인 수용과 유지를 강요받는다. 성(性)에 대한 역할마저도 이미 정해두고 있다. 사람들은 그러한 길들여짐의 울타리에 갇혀 고통스러워하면서도 이내 누군가를 같은 고통 속으로 밀어 넣는다. 그런 많은 이유들이 유교 사상의 배설물에서 비롯된 것이다.

차별을
부추기는 사상

"사람들은 상처로부터 회복되어야 하고, 낡은 관습으로부터 자유로워야 한다."

– 오드리 헵번

때때로 우리는 우리도 모르게 사회적 지위가 높은 이들에게 스스로를 낮추곤 한다. 교사, 의사, 고위직 공무원, 기업의 고위직 간부 등이 대표적이다. 이들이 사회적으로 높은 지위에 있는 것은 맞다. 하지만 그 사실을 우리가 그들에게 우리 자신을 낮추어야 한다는 것으로 해석할 필요는 없다. 그럼에도 불구하고 다수의 사람들에게 당연히 여겨지기도 한다. 또한 상당히 오랜 기간을 가부장적인 문화에서 지내왔고, 아직까지도 그 영향으로 가족 간의 불화와 갈등이 계속되고 있는 것이 현실이다.

김경일 교수의 책 『공자가 죽어야 나라가 산다』에서는 "유교는 정치적

탐욕을 감추려는 목적 아래 뿌려져 왔으며 정치적 사건을 교묘하게 도덕적으로 위장시키면서 역사와 함께 흘러왔다. 한마디로 공자의 도덕은 '사람'을 위한 도덕이 아닌 '정치'를 위한, '남성'을 위한, '어른'을 위한 그리고 '기득권자'를 위한 도덕이었다."라고 말하고 있다. 이 주장에 따르면, 우리가 장시간 길들여져온 사상 자체가 결국 다수가 아닌 특정 계층이나 성별에 특권을 부여하고 그것을 합리화시키기 위한 명분에 불과하다는 것이다. 이미 차별을 전제로 하고 있는 셈이다.

실제로도 그렇다고 할 수 있는 이유를 우리는 너무나 잘 알고 있다. 유교사상의 덕목인 삼강오륜을 살펴보면 그의 주장이 일리가 있음을 알 수 있고, 우리가 살아온 시간이 그것을 증명한다. 우리가 바로 살아있는 유산이기도 하다.

나는(아마도 당신도) 다음과 같은 말을 들으며 자라왔다.

"높은 지위에 있거나 명망 있는 사람들(선생, 의사, 판검사, 기업 고위직 간부, 국회의원 등)에게는 머리를 조아려야 하는 거야."
"너는 장남이니까 공부 열심히 해서 성공해야 해."

"여자들은 남자들이 차례상 물리면 먹는 거야."

"남자아이를 낳아야 해."

"남자는 부엌에 들어오는 거 아니야."

"명절 음식 준비는 여자들이 하는 거야."

"며느리는 시댁에 귀속된 사람이고, 사위는 백년손님이야."

"어른이 밥숟가락 들고나면 먹는 거야."

"이 색은 남자 색상, 이 색은 여자 색상이야."

이미 사회적 지위에 따른 처세와 성에 따른 역할과 금기가 정해져 있었다. 그것은 당연시되었다. 선배 세대로부터, 학교로부터 그렇게 교육받았다. 우리는 그렇게 자라왔고 점점 커가며 자연스럽게 세뇌당했다. 그래서 그 안에 내재되어 있는 차별 요소들에 대해 그다지 의심해보지 않고 살아왔고 또 살아가고 있다.

시대가 변하며 일부 문화는 합리적인 방향으로 변해가고 있지만 정작 중요한 부분은 크게 바뀌지 않았다. 여전히 서열주의 기반의 상명하복 문화가 팽배하고, 아직도 고부 갈등, 남편과 아내의 역할로 인한 갈등은 계속되고 있으며, 유리 천장이 지속되고 있고 오래전 정의된 성 역할에서 크게 벗어나지 못하는 것이 그 증거다. 이런 사실은 우리도 모르게 차별을 하고 차별을 받고 있다는 뜻이며, 여러 가지 형태의 차별 앞에서 괴로워하며 또 누군가를 괴롭히고 있다는 뜻이기도 하다.

　그 안에서 우리의 모습은 어떤가? 우리는 그것이 잘못되었다고 비판하고 바꾸려고 하기보다는 특정 상황에서 스스로 상대적 우위에 서게 되기를 바라거나, 현재의 상황을 참고 견디거나, 대수롭지 않은 것으로 여기며 그저 지켜만 보고 있다. 우리가 경험하고 있는 낡은 교육문화와 그에 맞게 자라나고 자리잡은 낡은 의식이 차별을 더욱더 조장하고 당연하게 여기도록 만들고 있다. 거기에 길들여져 있고 또 누군가를 길들이면서.

서열이 그렇게 중허냐?
중허냐고?

"누구나 나이를 먹지만 누구나 존경 받지는 못한다."
– 글쓴이

"사람 위에 사람 없고, 사람 밑에 사람 없다."
– 한국 속담

몇해 전, 대학에서 벌어진 학생들 간의 갑질이 사회적 이슈가 된 적이 있다. 선배들은 후배들에게 무조건 자신들이 원하는 대로 행동하고 말하기를 강요하고 그것을 지키지 않으면 욕설이나 협박을 일삼았다. 특별한 이유 없이 군대식 인사를 강요하고, 사생활을 침해하며, 말도 안 되는 절대복종을 강요했다. 또한 자신이 특별한 면죄부를 손에 쥐고 있는 것처럼 단순히 재미 삼아 괴롭히기도 했다. 심지어 군대와 무관한 여학생들도 그런 일을 당연한 것처럼 일삼았다.

백화점에서 일어난 점원 폭행, 폭언 사건도 별반 다르지 않다. 고객이라는 명분으로 직원에게 비상식적인 요구를 강요하며, 자신의 사회적 지위나 금전적 부, 혹은 나이를 거들먹거리며 막말과 폭행까지 일삼았다. 그리고 이런 극단적인 경우를 포함한 크고 작은 사건 사고는 우리가 매일 출근하는 직장에서도 다양한 형태로 일어난다.

국내 스포츠계는 특히 서열문화가 심하기로 알려져 있다. 단순히 나이가 많거나 기수가 높다는 것을 이유로 인격을 모독하고 물리적인 폭행, 폭언을 자행해왔다. 선수들은 육체적·정신적으로 피해를 입어 왔고 지금도 어디선가 당하고 있다. 우리가 잘 아는 박지성이라는 위대한 축구인도 그 희생양 중 하나였다.

사회적 공분을 일으킨 위 사건들은 일부 사람들의 인격적인 문제라고도 여길 수 있지만, 그런 상황을 불러일으키는 공통적인 요소는 바로 서열주의다. 서열주의는 우리에게 굉장히 익숙한 문화이며, 유교의 가장 치명적인 배설물이다. 서열주의는 대표적으로 나이, 조직 내 직위, 사회적 지위, 계약관계(소비자와 생산자, 판매자와 구매자, 기업 간의 거래 관계 등)에서 쉽게 찾아볼 수 있다. 그 안에서는 반드시 상대적 상위, 그리고 상대적 하위의 관계로 구분된다. 관계의 상하가 정해지면 보통 다음과 같은 생각들에 의해 지배받는다.

- 서열 상위자를 잘 따라야 한다.

- 서열 상위자에게 쉽게 저항할 수 없으며, 웬만하면 저항하지 않아야 한다.

- 서열 상위자의 요구를 쉽게 거부할 수 없다.

- 더럽고 아니꼬와도 잘 참고 넘겨야 한다.

- 서열 상위자에게 언행을 조심해야 한다.

- 봉사와 희생을 통해 서열 상위자의 불편함을 줄여야 한다. 혹은 그런 척이라도 해야 한다.

- 조금 기분 나빠도 참아야 한다.

- 서열 상위자의 불만은 정신적·물리적으로 나를 위협할 수 있다.

상대적으로 서열 상위에 있는 사람은 그런 면에서 덜 신경 쓰는 편이다. 보이지 않는 특별한 권한을 얻은 것으로 착각하고 있기 때문이다. 그것이 당연한 듯 말하고 행동하기도 한다. 또, 그들의 생각과 판단이 항상 옳고 합리적이라 여기며 일방적인 강요를 일삼기도 한다. 서열 상위자는 그들대로, 하위자는 또 그들대로 어린 시절부터 그렇게 길들여지고, 그렇게 성장하고, 그렇게 사회에 진출해서 계속 그 문화를 이어왔다.

반대로 서열이 그리 중요하지 않다고 가정해보자. 그렇다면 나이의 많고 적음, 직급의 높고 낮음, 관계의 높고 낮음과 같은 관계적 우열을 따지려는 문화는 지금보다 훨씬 줄어들 것이다. 그리고 그다지 중요하게 여겨지지도 않을 것이다. 결국 아주 당연하게 서로를 동등한 위치에 놓게 되며, 이는 아주 당연하게도 상호 존중을 바탕으로 한 관계가 형성될 수 있다는 말이다. 우리가 길 가다 마주친 누군가의 나이나 직위, 직업 따위를 알지 못한 상태에서는 조심스레 접근하고 조심스레 행동하는 것처럼 말이다. 하지만 길 가다 마주친 그 누군가와도 관계를 정리해야 하는 시점에 이르면 반드시 나이를 포함한 갖가지 것들을 끌어와 어떻게든 위와 아래를 구분 짓게 된다. 그 순간 관계의 평등성은 무너진다.

이와 같은 서열주의 안에서는 반드시 상대적 강자와 약자, 상대적 가해자와 피해자가 존재한다. 그리고 누구든지 상황에 따라 상대적 약자 혹은 피해자가 되었다가, 상대적 강자 혹은 가해자가 되기도 한다. 즉, 서열주의 안에서 우리는 서로 물고 물리는 악순환의 고리의 한 부분이 되어 있는 셈이다. 그리고 이런 관계 안에서 누군가에게 상처를 주고 또 상처를 받고 있다.

상처를 준 사람은 금세 잊어버린다. 하지만 상처를 받은 사람은 결코 쉽게 잊지 못하는 것이 인지상정이다. 나아가, 자신이 누군가에게 받은 상처를 다른 곳에 풀려는 심리가 어떻게든 작용해 자신이 서열 상위자가 되어 또 다른 하위자에게 상처를 주는 것으로 보상받으려고 한다. 아니면 굉장히 괴로워하면서 혼자서 그 상처를 감내한다.

이처럼 서열을 구분 짓는 대표적인 요소들은 지금껏 우리가 당연하게 여겼던 것과는 다른 관점에서 재해석되고 정의되어야 한다.

나이

나이는 누구나 자연스럽게, 공평하게 먹는 것이다. 하지만 일부 사람들은 상대보다 나이가 많다고 해서 특정한 사람만이 가질 수 있는 면죄부나 특권을 부여받는 것이라 여기기도 한다. 나이가 많다고 나이가 적은 사람에게 함부로 할 권리가 부여되는 것으로 여기거나, 유무형의 대접을 받을 수 있는 것이라 여기거나, 먼저 인사를 받을 수 있는 자격이 주어진다고 생각하고, 그로 인해 누군가에게 쉽게 상처를 주기도 한다. 일방적으로 이래라저래라 하며 상대를 수족처럼 부릴 수 있는 권한을 가진 것으로 착각하기도 한다.

그러나 나이가 많다고 그런 권한이 주어지는 것이 아니다. 나이가 많다고 더 훌륭한 사람이 되거나, 적다고 해서 훌륭하지 않은 사람이 되는

마흔, 나는 길들여지지 않기로 했다

것도 아니다. 나이를 기준으로 능력이 더 뛰어나거나 그렇지 않음을 구분 지을 수도 없다. 이처럼 나이의 많고 적음이 누군가에게 강점이 되거나, 누군가에게 약점이 될 이유는 전혀 없다. **따라서 나이는 관계의 위·아래를 정하는 어떠한 기준도 될 수 없다.**

직위

직위도 나이와 별반 다르지 않다. 자신보다 낮은 직위에 있는 사람들에게 근거 없는 일방적인 요구를 강요하거나 조직의 일과 무관한 개인적인 일을 요구할 수 있는 특권이 주어지는 것이 아니다. 직위가 낮은 사람들은 직위가 높은 사람의 잔심부름을 위해 고용된 사람이 아니다. 또한 직위는 업무의 수행 능력 그 자체가 아닌 한 사람의 인격을 쉽게 모독하고 깎아내릴 수 있는 마법의 지팡이가 아니다. 조직에서의 직위는 직위에 맞는 권한을 부여받아 능력을 발휘하여 조직이 원하는 성과를 이루라는 책무를 위해 주는 것이다. 그 이상도, 그 이하도 아니며 아니어야 한다.

하지만 아직도 많은 사람이 그렇게 생각하고 행동하지 않는다. 이유가 불분명한 무언가를 지시하는 것, 그리고 그런 지시에 무작정 따르는 것이 (억지로 따르는 경우가 많겠지만) 당연한 문화에 익숙해져 있고, 올바른 가르침보다는 속된 말로 '깨지면서' 배워나가는 것이라 여기기도 한다. 그 외에도 상급자에게 받은 부정적 영향을 자신의 하급자에게 유사한 방법으로 대물림하기도 한다. 결국 돌고 돈다. 처음에는 괴로워하지만 어느 순간부터는 그 악순환이 끊어지지 않도록 오히려 연결고리 역할을 자처한다.

계약 관계

소비자는 금전을 제공하여 필요한 무언가를 얻으려 하고, 판매자는 소비자가 원하는 것을 금전을 받고 제공하는 입장이다. 위아래를 따질 수 있는 관계가 아니다. 하지만 소비자는 특권을 보유하고 있다고 생각하는 사람들이 많다. 괜한 트집을 잡아 판매자를 궁지로 몰아넣기도 하고, 비상식적인 행동들을 소비자가 가진 권한이라 괜찮다는 식으로 포장하는 경우도 넘쳐난다. 마찬가지로 자신의 감정을 배설하는 상대로 여기기도 한다. 반대로 판매자 입장이 되면 자신에게 물리적 · 정신적 피해를 주는 이들의 행동에 치를 떨면서 말이다. 마찬가지로 악순환의 고리가 끊어지지 않도록 보상 심리를 발동시킨다.

마흔, 나는 길들여지지 않기로 했다

사실 판매자와 소비자는 홀대받고 홀대할 수 있는 우월적인 관계가 아니라 역할이 다른 평등한 관계일 뿐이다. 따라서 벌과 꽃, 악어와 악어새 같은 동업자 관계여야 한다. 둘 중 하나라도 없으면 각자가 원하는 것을 얻을 수 없기 때문이다.

어떤가? 우리가 그동안 당연하게 여겨왔던 것들이 절대 당연한 것이 아니었다는 생각이 들지 않는가? 그리고 그런 기준들을 가져와 자꾸만 위 아래를 나누려는 것이 사실은 누워서 침 뱉기라는 생각이 들지 않는가?

이쯤에서 질문을 던져보겠다. 당신은 한번이라도 서열의 상하를 앞세워 누군가에게 상처를 준 적이 있는가? 만약 기억나는 사건이 있다면 당신이 서열을 앞세우며 말하고 행동했던 것들로부터 얻은 것은 무엇인가? 상대가 당신에게 굽실거리는 모습에서 느끼는 희열? 대접받는다는 느낌? 상대적 우월감? 당신만이 느낄 수 있는 잠시 잠깐의 만족감? 그 어떤 것이라도 상관없다.

중요한 사실은, 당신이 그 사건에서 얻은 것보다 더 소중한 가치를 얻을 수 있는 기회를 스스로 걷어차버렸다는 것이다. 상대에게 믿음을 심어줄 수 있는 좋은 기회와 든든한 동반자를 얻을 수 있는 기회를 날려버렸고, 여러 사람으로부터 존경받거나 사랑받을 수 있는 훌륭한 기회를 영원히 잃어버렸다. 단지 당신이 서열 하위자의 입장에서 가져보았던 미움과 불만과 경멸감을 상대에게도 심어주었을 뿐이다. 이처럼 서열주의가 만들어내는 상하 관계에서 우리가 얻는 것은 거의 없다. 오히려 서로가 서로를 물고 뜯으며 많은 것을 잃고 있을 뿐이다.

잠깐, <u>**읽어보자!**</u>

· **Before**

1. 말끔하게 잘 차려입은 젊은이를 만났다. 어딘가 똑 부러지고 굉장히 당당하다. 겉으로 드러내지는 않지만 어린 녀석이 어딘가 모르게 건방져 보인다고 삐딱한 시선을 던진다.

2. 거래처에서 회사 유니폼을 입은 한 젊은이를 만났다. 나이가 어려 보이는 여성이다. 겉으로 드러내지는 않지만 서무나 보는 직원쯤으로 생각하며 살짝 얕잡아 본다.

- **After**

1. 젊은이가 검사라는 사실을 알고는 태도가 돌변하며 허리를 굽힌다. 뭔가 탐탁지 않지만 억지스러운 미소와 함께 잘 부탁드린다는 멘트도 잊지 않는다.

2. 젊은이가 회사 대표라는 사실을 알고는 태도가 돌변하며 허리를 굽힌다. 겉으론 웃으면서 속으로는 부모를 잘 만나서 그럴 거라며 비아냥거린다.

※ 만약 두 사람이 젊은이가 아니라, 나이가 어느 정도 있는 중년이었더라도 처음부터 같은 마음으로 그들을 대했을까?

마흔, 나는 길들여지지 않기로 했다

길들여지지 않은 **마흔**들의 이야기

❷ 소설가 아사다 지로

유복한 가정에서 태어났지만, 집안의 몰락으로 불량소년이 되어 방황하였다. 20대에 고등학교 선배로부터 "몰락한 가문의 사람이 노력해서 소설가가 되는 경우가 많다."라는 이야기를 듣게 된다. 그 후 꾸준히 노력한 그는, 서른여섯 살에 야쿠자물을 집필하면서 작가생활을 시작한다.

일본에서 영화화 된 소설 『철도원』을 썼다. 또한 『철도원』에 단편으로 삽입된 「러브레터」는 우리나라에서 〈파이란〉으로 영화화되기도 했다.

64

65

기울어진 저울 :
일방적 의사소통

"우리에게 두 귀와 하나의 혀가 있는 것은 좀 더 많이 듣고 좀 더 적게 말하라는 뜻이다."

– 디오게네스

우리는 소통이 어떠한 도구인지, 얼마나 중요한지 잘 알고 있다. 하지만 소통은 서열주의 문화에서는 좀처럼 성립되기 힘들다. 누구나 자신의 의견을 드러낼 권리가 있음에도 서열주의 안에서는 서열 상위자가 서열 하위자의 의견을 들을 생각조차 하지 않거나, 그들의 의견을 무시하며 독단적으로 모든 일을 결정한다. 또, 일방적이고 강압적인 요구로 분열을 일으키며, 특정 조직에 속해 있거나 특별한 관계로 형성되어 있다는 이유로 개인적 권리를 쉽게 무시하기도 한다. 서열 상위자의 불도저와 같은 일방통행을 쉽게 막아낼 수 없는 서열 하위자는 존중받지 못하

마흔, 나는 길들여지지 않기로 했다

는 위치에 놓이게 된다.

서열 상위자는 아무렇지 않게 상대의 가슴에 비수를 꽂기도 하고, 눈물을 흘리게도 하고, 당장이라도 주먹을 날리고 싶게도 하고, 사직서를 던지거나 절교를 선언하고 싶게도 만든다. 게다가 상처받은 마음이 채 아물지도 않았는데, 그 위에 또 다른 상처를 만든다. 하지만 안타깝게도, 서열 하위자들은 서열주의가 정해놓은 '불가침 조항'으로 인해 매일 썩어 문드러진 속을 겨우겨우 치유해가며 참아낸다. 그렇게 어쩔 수 없이 반복되는 상황에 순응해버리며 억지로 관계를 유지해 나간다.

이런 관계 안에서 배려, 존중, 협동과 같은 아름다운 단어는 존재할 리가 없다. 터질 듯 말 듯한 감정의 긴장감을 이어가는 와중에 서로 다른 곳을 바라보게 되고, 엉뚱한 곳에 에너지를 낭비한다. 결코 서로가 만족할 수 있는 과정과 결과로 이어지지 못하며, 관계는 점점 더 뒤틀어지고 만다. 이런 상황에서 제대로 된 소통이 이루어질 리 없다.

소통은 관계를 이루는 사람들 간에 존중이 있을 때에야 비로소 제대로 이루어진다. 즉 소통이 잘 되지 않는다는 것은 상호 존중이 부족하다는 말이다. 특히 유교사상의 중요한 덕목들은 '윗사람'들이 누릴 수 있는 특권은 부여했지만, 정작 그들이 윗사람으로서 '아랫사람'에게 주어야 할 덕목이나 의무는 강조하지 않는다. 그저 받고 누릴 수 있다는 것으로 꾸며놓은 덕에 피해는 항상 아랫사람이 보게 되어 있다. 이는 아랫사람에 대한 존중이 잘 이루어질 수 없는 구조다. 처음부터 한쪽으로 기울어져 있는 저울 앞에서 어떻게 평등과 존중을 얘기할 수 있겠는가? 서로 주고받는 존중이 없는데 어떻게 서로 통할 수 있겠는가? 소통이 되지 않는 이유는 여러 가지가 있겠지만 우리를 길들여온 유교의 덕목들이 굉장히 크게 작용하고 있다는 것에는 의심의 여지가 없어 보인다.

무덤에 파묻혀버린
다양성

"각자가 자신이 좋다고 생각하는 방식대로 살도록 내버려두는 것이,
각 개인이 타인이 좋다고 생각하는 방식대로 살도록 강제하는 것보다
인류에게 큰 혜택을 준다."
– 존 스튜어트 밀

2015년에 발행된 연구보고서 「인력 다양성과 다양성 관리가 창의성과 혁신성에 미치는 영향(이윤경, 부산대학교)」에는 이런 내용이 실려 있다.

"미국이나 유럽 등의 다민족 국가는 조직 내 존재하는 인력의 다양성에 대해 오랜 기간 관심을 가지고 많은 연구를 진행하고 있다. (…) 단일민족이라는 공동체적 문화가 강한 우리나라 특징과 장유유서와 같은 유교적 질서를 강조해온 문화적 특징으로 인해 다양성이라는 주체 자체가 익숙하지 않으며, 그다지 중요하지 않은 것으로 여겨 …… (…) 최근 국내

에서도 이와 같은 노력이 일부 이루어지고 있으나 여전히 과거의 제도와 문화에서 벗어나지 못하고 있다."

보고서를 통해서도 알 수 있듯이 유교가 싸질러 놓은 배설물은 다양성의 관점에서 부정적인 영향을 주고 있다. 이러한 관점에서 보자면, 특정 조직에서 어떤 일을 수행하는 데 다양한 방법이 존재함에도 불구하고 서열주의 안에서는 그 다양성이 무시될 가능성이 크다. 서열 상위자가 원하는 소수의 방법만이 존재하며, 그것은 '모 아니면 도' 식의 도박과 같은 방법일 가능성이 크다.

항상 그렇지는 않지만 다양성이 무시되면 보다 합리적이고 정확하고 효율적인 방법에 대한 종합적인 고민과 의견 교환의 기회도 적어지기 마련이다. 무엇보다 서열주의 기반의 문화적인 특성상 서열 하위자의 의견이 무시당할 가능성이 크다. 이는 다양성의 인정과 존중이 부족함을 의미하고, 존중받지 못하는 서열 하위자로부터 비롯된 서열 상위자에 대한 불만은 상호 존중하지 못하는 결과로 이어지게 된다. 자유로운 토론 따위는 성립되지 않는 구조 안에서 스스로가 성장해 나갈 수 있는 고민과 도전과 실패와 학습의 기회를 잃는다.

마흔, 나는 길들여지지 않기로 했다

다양성이 무시된 서열 상위자의 경직되고 제한적인 사고 앞에서 쉽게 저항하거나 자신의 의견을 강하게 주장할 수 없다는 관습적 사고로 인하여 서열 하위자 또한 본인의 발전과 노력이 그 안에서 크게 영향을 주지 못한다고 여긴다. 그로 인해 개인의 자신감, 한 구성원으로서의 자존감과 소속감, 행복 지수는 떨어진다. 구성원들은 이미 자신의 생각이 무시당할 것이라는 길들여짐의 울타리에 스스로를 가두고 서열 상위자가 무책임하게 주사위를 던지는 도박판에 자신의 미래를 '어쩔 수 없이' 맡기게 된다.

당신이 필요 없어 보이는 일에 에너지를 쏟아붓고 했던 일을 반복하고 야근을 밥 먹듯이 하고 주말에도 일해야 하는 이유 중 가장 큰 것은, 바로 유교적 질서가 다양한 생각과 의견을 땅속에 파묻어버렸기 때문이다.

가정에서는 어른들의 생각이나 의견이 정답에 가까운 것이라 여기며, 어른의 의견이라는 이유로 당연히 따라야 한다고 생각하기도 한다. '무언가 좋은 이유에서'일 것이라 추측하지만 사실 모른다. "너 좋으라고 하는 거야.", "다 이유가 있는 거니 시키는 대로 해."라며 명확한 이유를 알려주려 하지 않는 경우도 있다. 자녀의 의견과 무관하게 장래를 결정지어주려 하며, 돈벌이가 안 되는 불안정한 직업이라는 이유로 자녀만의 꿈과 미래를 무너뜨리기도 한다. 결혼 상대를 정해주거나 허락을 받도록 하며, 당사자의 선택권에 제한을 두거나 억지스러운 강요로 일관하기도 한다. 다양한 사람의 다양한 생각을 무덤 속에 파묻어버리며 그들을 존중하지 않으려 든다. 이 또한 울타리 안에 길들여진 사람들의 모습이자, 때로 우리의 모습이기도 하다.

마흔, 나는 길들여지지 않기로 했다

본질 망각 :
목적 상실의 시대

"부당한 체제를 수동적으로 받아들이는 것은 그 체제에 협력하는 것이며,
따라서 그 악에 참여하는 것이란 사실을 알아야 한다."

— 마틴 루터 킹

2014년 4월. 1초가 급한 상황에서 한 고위직 관계자가 현장 담당자에게 전화를 건 목적은 정확한 상황 파악과 적절한 조치가 아니었다. 그것과 전혀 무관한, 자신의 상관에게 보고하기 위해 필요한 정보만 요구했다. 더군다나 현장 담당자도 고위 관계자의 높은 언성과 짜증 섞인 말투에 대응하기에 전전긍긍했다. 결국 현장이 얼마나 긴박한 상황에 놓여있는지 제대로 전달하지 못했고, 상황의 신속한 조치를 위해 필요한 결정 사항은 한마디도 전달받지 못했다.

정작 본질은 저 멀리 던져버린 채 서열 상위자의 요구를 만족시키는데만 초점을 맞추고 있었다. 수백의 사람들이 영문도 모른 채 죽어가는

그 상황에서 말이다.

이 상황을 일터에 대입해보면 그다지 다르지 않다. 특정 상황에 대한 합리적 조치와 근본적인 문제의 해결보다는 어떻게 사건을 축소하고 질타를 면할까에 집중한다. 질타까지는 뒤로 미루더라도 정작 해결해야 할 근무 현장의 근본적인 문제에는 그다지 관심이 없다. 따라서 단지 시점의 문제이지, 동일한 문제가 다시 일어날 것은 분명하다. 본질과 목적에 대한 파악, 근본적인 문제점은 해결하지 않은 채, 그저 질책과 책임에서 멀어진 것을 마치 문제가 해결된 것으로 착각하고 있다. 아니, 그렇게 믿고 싶어 하고 그렇게 믿어버린다.

무슨 일이든 목적이 있고 그 목적을 이루기 위한 목표를 세워야 한다. 하지만 서열주의가 만연한 우리 사회에서는 그런 정말 중요한 것보다 서열 상위자의 지시가 더 중요하다. 1차적인 원인은 우리 안에 깊게 뿌리내린 낡은 문화일지도 모르겠으나, 그 안에 있는 구성원들이 제대로 된 목적을 알려고 하지 않는 것 또한 우리를 가두고 있는 울타리가 지속되도록 해주는 또 다른 원인이다.

그 안에서는 어떠한 일을 왜 해야 하는지, 무엇을 위해 그 일을 해야 하는지에 대해 명쾌하게 설명하거나 되물어보는 이는 그리 많지 않다. 쉽게 무언가를 요구하고 요구받은 사항을 단순히 이행하는 데 초점이 맞춰져 있는 경우가 많다. 그 상태에서 무언가를 열심히 해나간다. 하지만 궁극적으로 얻고자 하는 것과 전혀 관계가 없거나, 엉뚱하거나, 애당초 필요 없거나, 겉만 번지르르한 보여주기 식의 결과물이 도출될 가능성이 크다.

그 자체로 우리는 엉뚱한 곳에 시간과 노력을 들이고 있다. 이러한 상황들이 공통적으로 말해주는 것은 다양한 상황에서 서열이 목적보다 우선시된다는 것이다. 그리고 그런 질서(?)가 다수의 머릿속에 아주 당연한 것으로 인식되고 있다는 것이다.

어찌 보면 당연한 결과이다. 당신과 내가 경험한 교육 방식을 돌이켜보자. 그 긴 시간 동안 우리가 학습했던 방대한 정보를 '왜?'라는 관점에서 교육받은 적이 몇 번이나 된다고 생각하는가? 우리는 스스로 그 목적에 대해 몇 번이나 생각해보았는가?

우리는 목적성이 불분명하게 지식의 주입을 강요받았고, 남들보다 더 빠르게 정답을 찾는 방법에 대해서만 훈련받았지, 결코 근본적인 관점과 목적에 대해 바라보는 시선을 갖도록 교육받지 못했다. 그러니 그런 관점으로 무언가를 바라보고 행동하는 것이 당연히 서투르다.

아직 우리에게 이유와 목적을 찾기 위한 '왜?'라는 물음은 긍정적이지 않다. '왜?'라는 물음은 많은 이들이 궁금해하는 무언가에 대한 속 시원한 답을 기대하게 만들기보다, 누구나 당연하다고 생각했던 일의 혹시 모를 이면에 대한 답을 들을 수 있다는 기대보다, 합리적 저항의 시작을 알리는 신호탄이 될 것이라는 기대보다, 누군가가 자신을 이상한 눈으로 쳐다보게 만드는 부정적이고 귀찮은 물음으로 인식되고 있다.

이는 우리를 장시간 길들여온 케케묵은 사상과 관습과 문화에서 비롯되었고 서열 상위자들의 일방적 요구와 그 요구에 따르도록 길들여진 다수에 의해 지속되어왔다. 그 결과 우리는 목적과 본질에 대한 1차적인 의문 제시와 그로부터 시작되는 문제 해결보다는, 그저 '윗사람들'의 말에 귀를 세운 채 그들의 한마디 한마디에 집중하고 있을 뿐이다.

마흔, 나는 길들여지지 않기로 했다

밑 빠진 독에
물 붓기

요즘 세상에서는 보다 빠르고, 보다 정확하고, 보다 효율적인 방법들로 원하는 것을 얻어야 한다. 하지만 서열주의 문화와 낡은 교육이 낳은 종합적인 결과물들은 이러한 시대적 요구를 거스르는 원인을 제공한다.

서열주의 문화에서는 서열 상위자의 말이 곧 법이고 규정인 경우가 많다. 그들은 사회와 조직이 세워둔 각종 법규, 규정, 규칙, 절차 등을 별일 아닌 듯 가볍게 여기기도 하며 앞서 언급한 다양성을 무시하는 경우가 많다. 질서와 조화와 책임이 아닌 무질서와 부조화와 무책임함을 조장하

77

기도 한다. 심지어 결과물의 질을 떠나서 자신보다 높은 서열에 있는 사람이 만족하는가, 자신이 귀찮아지지 않는가, 책임회피가 쉬운가를 더 중요하게 여기는 경우도 많다.

그 과정에서 생산성과 효율성은 그다지 중요치 않다. 책임지지도 못할 본인들의 즉흥적인 생각과 지시가 더 중요하다. 그것이 그들보다 차상위에 위치한 누군가에게 좋은 점수를 얻을 수 있는 수단인지의 여부가 더 중요하게 여겨지기도 한다. 또한, 그들이 조장한 비생산적이고 비효율적인 과정을 통해 탄생한 결과물을 다른 사람들의 책임으로 돌리는 데 굉장히 익숙하고 그로 인한 비난과 비판을 회피하는 데 아주 능숙하다.

서열 하위자도 상위자들의 그러한 모습과 닮아 있다. 규정과 절차, 법규 기반의 사고보다는 그저 서열 상위자의 한마디 한마디에만 집중하고 그것을 따르기에 급급한 실수를 저지른다. 당장 눈앞에서 일어날 칭찬, 혹은 질타가 내가 규정을 지켰는가, 어겼는가보다 더 중요하다고 생각하기도 한다. 상대적 서열 하위자는 또 다른 하위자에게 동일한 모습으로 비친다. 이런 상황의 반복은 특정 상황에서 서열주의 파괴를 간절히 원하면서도 역설적으로 서열주의에 동참하는 자세도 함께 만들어낸다. 이렇게 또 길들여짐의 울타리는 단단해져만 간다. 그리고 울타리 안에서는 다음과 같은 상황을 자주 접하게 된다.

- 잘못된 것을 잘못되었다고 쉽게 말하지 못한다.
- 합리적으로 논리적이고 건전한 토론의 기회를 놓친다.
- 쉽고 편한 일을 힘들고 어렵게 한다.
- 하지 않아도 될 일을 한다. 반대로, 정작 해야 될 일을 하지 않는다.
- 상생보다는 무의미한 경쟁과 분열을 유도한다.
- 논리나 합리적 설득 따위는 쉽게 통하지 않는다.
- 조직과 사고는 경직된다.
- 가치와 실리를 잃는다.

우리가 열심히 일하면서도 원하는 성과를 쉽게 내지 못하는 이유는 여기에 있다. 서열주의는 밑이 빠진 독에 물이 새지 않도록 메우기 전에 그저 열심히 물을 붓게만 만들기 때문이다. 그리고 이유도 모른 채 시키는 대로 물을 붓는 것에만 급급하게 만들기 때문이다.

이와 관련한 몇 가지 예시를 나열할까 하다가 그만두기로 했다. 그것보다는 당신이 마주했던 현실에서의 경험들이 훨씬 더 임팩트 있을 것이라 생각해서이다. 우리가 드라마 각본보다 더 막장인 세상을 경험하고 있다는 불편한 사실을 떠올려보라. 나의 경험이든 당신의 경험이든 서열주의는 이루 말할 수 없는 답답함과 억울함과 분노를 불러일으켰고, 의욕을 상실하도록 만들었고, 관계의 불화를 부추겼다.

이처럼 우리 삶에 깊숙이 뿌리내린 서열주의는 생산성 측면에서뿐만 아니라 관계적인 측면에서도 비효율적이고 비생산적이고 과거 지향적인 결과를 만들도록 우리를 오랫동안 가두어두고 있다.

잠깐, 읽어보자!

눈이 펑펑 쏟아지는 어느 겨울, 한국군과 미군에게 각각 지침이 내려왔다.

- **한국군**

병사: 전원 출근

부사관: 근속연수 10년 이하 출근

장교: 소령까지 출근

장군: 대기

특이사항 발생 시 보좌관, 비서실장을 거쳐 장군에게 연락할 것.

각 부서에 전화 대기 인원이 확인되면 알아서 출근 시간 조정.

- **미군**

병사: 출근하지 않고 대기

부사관: 주임원사 자가 차량으로 출근

장교: 대령급(대령 + 부서 총책임자) 출근

장군: 전원 자가 차량으로 직접 운전하여 출근

이런 상반된 지침으로 인하여 한국군 병장과 미군 대령이 같은 공간에서 대기하고 있었다. 한국 병장이 이런 상황에 의아함을 갖고 그 이유를 미군 대령에게 묻자, 미군 대령은 이렇게 말했다.

"계급이 높다는 것은 권한이 많고 책임이 커서 의사결정의 범위가 넓다는 것을 의미한다. 한국군은 계급 순서대로 보고하고 그 결과를 다시 계급순으로 하달받아 조치가 이루어지게 되어 있다. 하지만 미군은 의사결정권자가 직접 상황을 판단하고 그 판단으로 장군에게 보고하면 끝이다. 결론과 관계없이 그 책임은 내가 지면 된다. 문제가 생기면 신속하고 올바르게 처리하는 것이 미군의 대응 방식이다. 경험과 실력을 바탕으로 더 좋은 의사결정을 더 빨리 할 수 있다는 것이 보다 높은 계급의 참된 의미라고 생각하기 때문이다."

– 어느 페이스북 이용자의 경험담에서

자아 상실과
꾸며진 삶

"그간 우리에게 가장 큰 피해를 끼친 말은 바로 '지금껏 항상 그렇게 해왔어'라는 말이다."

— 그레이스 호퍼

유교의 배설물은 사람들이 자유의지로 세상을 살아가는 것을 방해했다. 자유의지로 무언가를 배우고 직업을 갖고 결혼하고 가정을 꾸려나가고 미래를 꿈꾸는 것을 방해했다. 우리 안에 숨겨져 있는 소중한 잠재적 가치를 영원히 찾지 못하도록 통제했고 제각각 소중하게 키우고 싶었던 다양한 싹들을 갈아엎어버리고 한 종류의 싹을 키우도록 등 떠밀었다. 또한, 책임감과 사명감 따위는 멀리 던져둔 채 자꾸만 무엇이 되어야 한다고만 강요받았다. 그런 환경에서 우리는 그저 무엇이 되기 위해 노력해왔을 뿐이다.

만약 내가 책의 서두에 소개한 나와 부모님과의 대화가 당신의 과거 경험과 비슷하다면 당신은 나와 비슷한 과정을 밟아왔을 것이다. 하고 싶은 것을 제쳐두고 하기 싫은 것을 계속해가며 괴로워했을 것이다. 그러던 중에 당신이 원래 품었던 꿈은 서서히 사라졌을 것이다. 그리고 나와 마찬가지로 왜인지 모를 경쟁 구도 안에 매몰되어 때로는 위너로, 때로는 루저로 분류되기도 했을 것이다. 누군가를 이기기 위해 독한 마음을 품었던 적도 있고, 누군가보다 앞서 있다는 사실에 위안을 삼기도 했으며, 너무 지친 나머지 될 대로 되라며 단순히 시간이 흘러가기만 기도했던 적도 있을 것이다. 위너가 되어 루저 앞에서 으쓱거리며 자신의 미래가 그들보다 밝을 것이라 단단히 착각하기도 했고, 때로는 루저가 되어 슬퍼하며 남들보다 어두운 미래를 상상해보기도 했을 것이다. 그로 인해 무척이나 기쁘기도, 무척이나 슬프기도 한 날들이 계속되었던 경험이 한 번 이상 있을 것이다.

이렇게 공통점이 있다는 것은 사실 놀랍지 않은 일이다. 내가 이처럼 단언하고 확신에 차 얘기하는 이유는 당신과 나, 그리고 지인들과 친구들, 우리 모두 그렇게 사고해야 하고 그렇게 받아들이는 것이 당연하다고 잘 길들여져왔기 때문이다. 사랑과 책임과 도리라는 단어로 포장된 가족과 학교의 강요와 압박과 질타와 속박으로 인해 많은 사람이 진정한 자신을 잃어버렸고, 선배 세대들이 짜놓은 틀에 맞도록 꾸며진 삶을 살아왔고 살아가고 있다.

좋다. 그럴 수 있다고 치자. 그렇다면 과연 꾸며진 삶이 우리에게 주는 것은 무엇일까? 우리가 겪는 힘겨운 하루를 쥐어 짜내야 얻을 수 있는 억지스런 행복인가, 아니면 자연스레 따라오는 행복인가? 그것도 아니면 마지못해 원하지 않는 삶을 살면서 늘어만 가는 푸념과 인내심인가? 겉으로는 웃고 있지만 지금에 와서 무언가를 바꾸기에는 어정쩡한 환경과 나이 때문에 어쩔 수 없이 지금의 삶을 이어가고 있는 씁쓸함인가?

그렇다면, 이제 와서 그런 상황을 뒤엎을 수 있는 무언가가 없다는 것이 원망스럽지 않은가? 그렇게 선택한 것을 후회하지는 않는가? 다시 돌아가 과거를 바꾸어놓고 싶지는 않은가?

이 질문에 대한 당신의 대답과는 무관하게 한 가지 더 확신할 수 있는 것은, 만약 당신이 많은 대중과 다를 바 없는 꾸며진 삶을 살아가고 있다면 현재의 삶이 만족스럽지도 행복하지도 못할 거라는 것이다. 어떻게 그렇게 확신하느냐면 내가 그렇기 때문이다. 내가 당신과 다를 바 없는 그런 길을 걸어온 사람이고, 당신처럼 위너가 되기도 하고 루저가 되기도 했던 사람이고, 지금의 당신 인생과 공통점이 무척이나 많은 사람이고 당신처럼 원치 않는 하루를 보내며 원치 않는 현실을 매일같이 마주하기 때문이다. 과거로 돌아가 '그때 그랬어야 했는데…'라며 지난 결정을 후회하는 사람이기 때문이다. 과거의 내가 내린 결정에 영향을 주었던 가족들과 주변 사람들을 잠시나마 원망해보았기 때문이다. 그리고 무엇보다 지금 이 현실을 벗어나기를 간절히 원하는 사람이기 때문이다.

꾸며진 삶은 우리를 지치고 불행하게 만든다. 우리는 불투명한 목적과 목표를 가진 채 세상이 정해놓은 방식에 길들여져 미래를 준비하며, 그저 인내하고 또 인내하는 하루하루를 보내고 있다. 힘들고 괴로운 상황 앞에서 "다들 그렇게 살아.", "원래 그런 거야.", "지금까지 그렇게 살아왔어."라는 도움이라곤 하나도 되지 않는 흔해 빠진 대답을 들으며 방황하고 있다.

반복해서 말하지만 내 꿈은 (아마도 100%에 가까운 확률로 당신의 꿈 또한) 직장인이 아니었다. 하지만 많은 사람이 '높은 급여를 받고, 복지가 좋고, 오래 근무할 수 있고, 안정적인' 직장인의 삶을 살도록, 그것이 꿈이 되도록 길들여져 왔다. 그런 삶을 즐기는 사람도 있겠지만 대부분은 직장을 그저 돈을 벌어 생계를 유지하기 위한 수단으로만 여긴다. 즐겁지 않지만, 더럽지만, 창피하지만, 몸이 부스러질 정도로 힘들지만 참아야 한다고 생각하며 어떻게든 버텨나가고 있다. 원치 않지만 특정 조직이라는 기계의 부품이 되어, 자신의 운명을 누군가에게 맡긴 채 살아간다.

　하지만 이런 모습과 반대로, 자신의 정체성을 확실히 규정하고, 자신의 꿈을 향해 꿋꿋이 나아간 '길들여지지 않은' 사람들은 누군가에게 고용된 기계 부품처럼 살지 않는다. 자신이 주도하고 자신의 꿈과 행복을 위해 살아가며, 자신의 깨달음을 타인에게 주도적으로 전파하면서 살아간다.

　우리는 모두 어릴 적 꿈이 있었다. 그 누가 무엇이 되라고 강요하기 전에 오로지 우리만의 꿈이 있었다. 하지만 그 꿈을 무너뜨린 사람은 잘 길들여진 어른들이다. 꿈을 향해 가도록 도와주어야 할 책임이 있는 어른들이 오히려 그것을 무너뜨린 것이다. 세상과 타협하지 말아야 한다고 가르쳐야 할 그들이 이른 포기와 타협을 강요했다. 오랜 기간 유지되어 온 낡은 문화와 관습과 폐해들이 그들을 그렇게 타협하도록 만들었다.

우리는 잘 길들여진 어른들에게서 길들여진 아이로 자라, 또 길들여진 어른이 되었다. 우리가 살아가는 꾸며진 삶은 그 모든 것의 유산이다.

한 가지 더 짚어보아야 할 점은 '잘 길들여진' 우리의 손으로 키우고 있는 자녀들을 우리와 똑같이 길들여지도록 내모는 것은 아닌가 하는 것이다. 당신의 어릴 적 모습, 당신의 성장기, 당신의 현재와 같은 모습으로 살아가기를 바란다면 그렇게 살아가도록 길들여라. 하지만 그렇지 않다면 깨부숴야 한다.

나는 이미 깨부수고 있다. 그리고 길들여지면 안 된다는 메시지를 전하려 한다. 동참하고 싶은가? 선택은 당신 몫이다.

마흔, 나는 길들여지지 않기로 했다

마치며

마흔이 된 우리가 아주 당연하다고 생각한 것들이 사실 아주 당연할 수는 없다. 세상에 당연한 것은 없다. 그저 오랜 시간 그래 왔을 뿐이다. 세상은 변한다. 사람들도 그에 맞게 변해야 한다. 하지만, 오랜 기간 우리를 지배해 온 낡은 사상과 문화에 대해 의문을 품지 않으면 우리는 그저 세상의 변화에 조화롭고 슬기롭게 변해가지 못하며 썩어서 냄새만 품기는 똥덩어리에 불과한 존재가 될 뿐이다.

당신 주위를 둘러싸고 있는 여러 사람과 환경들을 둘러보라. 당연하지 않다는 시선으로 바라보았을 때에도 당신의 고개를 끄덕이게 할 수 있는 것이 얼마나 되는지 다시 한 번 생각해보라. 다시 말하지만, 원래 그렇다거나 당연한 것은 어디에도 없다.

❸ 한솥도시락 대표이사 이영덕

부유한 재일교포 2세로 태어났지만 자식에게 정체성 혼란을 주고 싶지 않아 한국으로 귀국해 서울대 법대를 졸업했다. 대학 다닐 때 절반은 휴교할 정도로 시위가 격렬해 사실 제대로 공부를 못 했다.

대학을 마치고 자신의 꿈이던 외교관이 아닌 사업을 하기로 마음먹고 무역이나 제조업 등 여러 사업에 손을 댔지만 대부분 실패했다. 자신의 실패를 곱씹어 자신과 맞지 않는 것이라 판단한 그는 외식업으로 눈을 돌렸고, 대학 선배가 운영하던 일본 도시락 전문점에서 2년간 사업을 배웠다. 그 후 마흔여섯의 나이로 서울에서 한솥도시락 1호점을 개점한다.

그는 "따끈한 도시락으로 지역사회에 공헌한다"라는 창업이념을 고수하며 한솥도시락의 신화를 이어가고 있다. 나아가 그는 다양한 사회 공헌 활동과 기부, 환경 보호 활동에도 앞장서고 있다.

92

마흔, 나는 길들여지지 않기로 했다

93

PART 2 낡은 울타리들

Chapter 3

두 번째 울타리 :
낡은 교육

———

"일단 두려움의 영향력 안에 들어서게 되면
어떤 개인이나 군중이나 나라도 제정신으로 사고를 갖거나 행할 수 없다."

– 버트런드 러셀

be untamed

들어가며

대한민국의 학부모는 대부분 무분별하게 자녀의 학교 성적과 대학 진학에 집착하고 있다. 무엇이든 1등이 되고 최고가 되기를 바라며 그 외의 경우는 용납하지 못하는, 굉장히 극단적인 부모들이 있고, 그렇지 않더라도 '남들보다 뒤처지면 안 되니까.', '남들 다 하는데 내 아이만 시키지 않을 수도 없어서.'라는 생각으로 그저 분위기에 편승하는 경우도 있다. 이렇든 저렇든 무언가에 단단히 눈이 멀어 있거나, 아니면 어디로 고개를 돌려야 할지 모르고 있다.

사회 시스템이 우리에게 주는 미래에 대한 확신이 부족하고, 진정한 기능과 역할을 다하지 못하는 것이 그런 선택을 하도록 내몰았는지도 모르겠다. 어찌 되었든 아이들을 지나칠 정도로 공부하는 기계로 만들고, 그 기계에 기름칠을 해주는 것을 부모의 당연한 역할로 여기고 있다. 그런 역할에만 집중된 나머지 원래 가졌던 목적을 잊고는 성적과 진학에 아이와 부모의 모든 것을 걸어버리는 도박 같은 일들이 계속해서 일어나고 있다. 또한, 수많은 인생의 선택지 중 하나에 불과한 대학 입학이라는 것을 너 나 할 것 없이 필수 불가결한 것으로 여기며 살아가고 있다.

본론으로 들어가기 전에 한 가지 당부하자면 나는 대학 진학 자체를 무조건 반대하는 것이 아니다. 다만, 다른 선택지를 버리고 무분별하게 학교 성적과 대학 진학에만 집중된 현실의 내면을 들여다보자는 것이다. 그리고 목적 없이 누군가를 추종하면서, 옆 사람과의 피 터지는 경쟁도 불사하면서 버텨낸 시간이 과연 우리에게 무엇을 안겨주었는지, 그리고 아이들에게 무엇을 안겨줄 것인지 생각해보자는 것이다. 부디 열린 마음으로 접근해주기 바란다.

마흔, 나는 길들여지지 않기로 했다

성적 만능주의의
진짜 모습

"전 세계적으로 교육은 대학에 들어가기 위한 절차에 불과하다.
결과적으로 많은 훌륭한 재능과 창의력을 가진 아이들이
스스로 착각에 빠지도록 만들었다."

– 켄 로빈슨

우리는 성적 만능주의의 제국에서 살아가고 있다. 언제부턴가 학교는 지식의 습득과 배움의 터전이 아닌 학부모와 학생들의 전쟁터가 되어버렸다. 좋은 성적, 나아가 최고의 성적이 목적이자 목표여야 하고 이유인 세상이 되어버렸다. 성적이 인격을 대변하는 시대가 되어버렸다.

조기 교육은 기본이고 대학 진학을 위해 일찌감치 유명한 학군으로 이사를 가고, 그곳으로 옮기기 위해 빚을 지고 유명 학원을 보내기 위해 시간과 돈을 들이고 고액 과외 수업을 받게 하고, 그 안에서 짜내고 짜내 어떻게든 무언가를 더 시키려 한다. 당장 내 생계에 위협이 되는 것을 무릅쓰면서도 말이다.

과연 무엇을 위해 그렇게 애를 쓰는 것일까? 명확한 목적이 있는 걸까? 아이의 행복? 안정적인 미래? 맞다. 모두 그럴 것이다. 하지만 그 목적을 달성하기 위해 필요한 것이 과연 학교 성적이고 대학 진학과 그 타이틀일까? 그것이 유일한 방법일까? 그것만이 정답일까?

단언컨대 정답은 없다. 하지만 이것 하나는 확실하다. 아이들은 많은 경험을 하고, 실수하며 배우고, 새로운 것에 호기심을 가지고, 넘쳐흐르는 에너지를 마음껏 쏟아붓고, 아이들만의 자유로운 생각으로 아름다운 꿈을 꿀 권리가 있다는 것 말이다. 이유도 모른 채 책상이라는 감옥에 갇히지 않을 권리가 있다.(좋은 대학에 진학시키기 위한 것은 목적이 아니라 과정의 하나일 뿐이다.) 성적 만능주의는 아이들이 누려야 할 권리를 빼앗았다. 아이들이 진정으로 알아야 하는 것을 빼앗았다. 게다가 부모들의 이성도 빼앗았다.

예전과 같이 교과서를 달달 외워서 대학에 가는 시대는 지났다. 하지만 비교해보라. 제도만 바뀌었을 뿐 지금도 과거의 모습과 별반 다르지 않다. 우리는 아직도 과거 세대가 세운 '성적 만능주의'라는 낡은 건물의 그늘에서 벗어나지 못한 채, 언제 무너질지 모르는 그 건물 안으로 아이들을 밀어넣고 있다. 목적도 모른 채 그 안으로 등 떠밀리는 아이들이 얻고 또 동시에 잃는 것은 무엇일까?

얻는 것

- 세계 어디에 내놓아도 상위권에 들 수 있는 문제 풀이 기술과 성적
- 사회 진출 후 연속된 야근을 대비한 사전 체험과 체력
- 다양성의 부정에 따라 획일화 · 단순화되어버린 사고
- 높은 학력에 따라 높아진 자존심과 주변의 기대, 그로 인한 부담
- 버릇이 된 누군가와의 (부정적) 비교
- 실패에 대한 두려움과 압박
- ('틀리면 어쩌지?'라는) 눈치와 우유부단함

잃는 것

- 세상을 다양하게 바라보고 생각할 수 있는 자유의지
- 무언가에 속박되지 않은 창의성
- 자신을 누구보다 소중히 여기는 마음
- 잘못된 것을 잘못되었다고 말할 줄 아는 비판의식

- 이런 요소들이 종합된 독립심
- 세상이 정해놓은 것과 무관한 자신만의 로드맵
- 꿈과 희망과 정체성

성적 만능주의에 대한 무분별한 추종은 세상이 정해놓은 좋은 대학에 가고 세상이 정해놓은 좋은 직업을 가질 확률을 높여줄 수는 있지만, 건강한 꿈과 비전을 갖고 건강한 마인드를 소유한 사람으로 만들 수 있는 확률은 떨어뜨린다.

사회 고위직들이 법정이나 포토라인에 서는 모습을 떠올려보라. 그들 대부분은 명문대 출신이며 흔히 말하는 엘리트 코스를 거쳐온 사람들이다. 역설적이지 않은가? 성적이 모든 것이라면, 대학 졸업장이 모든 것이라면, 그들은 많은 국민에게 사랑과 존경을 받아야 정상이다.

하지만 우리가 본 그들의 모습은 그저 좋은 대학만 나온, 명망 있는 직업만 가진 괴물에 불과하다. 그들에게 진정으로 필요했던 것은 우수한 학교 성적과 대학 타이틀이 아닌, 사람들이 우러러보는 직업이 아닌, 우리 사회가 기본적으로 원하는 정의와 양심에 대한 올바른 이해와 그것의 실천이었다.

성적 만능주의의 틀에서 그런 것 따위는 중요하게 여겨지지 않는다. 따라서 우리가 성적 만능주의에 눈이 먼 채 계속해서 좇기만 한다면 당신의 아이도, 내 아이도 그들과 다르지 않은 모습을 살게 될 것이다. 우리 자녀들을 우리가 원하는 모습으로 억지로 만들려 든다면, 지금 우리의 모습처럼 누군가에 의해 만들어진 삶을 살아가며 후회하게 될지도 모를 일이다. 굉장히 높은 확률로.

사실,
우리는 속고 있다

"내 학습을 방해한 유일한 방해꾼은 바로 내가 받은 교육이었다."
– 알버트 아인슈타인
"문제아동이란 절대 없다. 있는 것은 문제 있는 부모뿐이다."
– 닐 포스트먼

성적 만능주의 시대에서 가장 피해를 보는 것은 사실 학생과 학부모이다. 반대로 말하면 누군가가 피해를 주고 있다는 뜻인데, 우리는 우리에게 피해를 주는 그 누군가에게 속고 있다. 그 때문에 지나치게 두려워하고, 주위의 분위기에 휘둘리고, 돈과 시간을 낭비하고 있다. 과연 누가 우리를 속이고 피해를 주는 것일까?

첫 번째, 우리는 사교육 시장의 장사치들에게 속고 있다. 그들은 교활한 전문가이다. 정부의 탁상 행정으로 만들어진 입시 정책을 바탕으로 전국의 학부모에게 불안감을 심어주며, 그것을 무기로 장사를 해나간다. 그들은 다음과 같이 불안감을 조성한다.

"요즘 그런 거 준비하는 시대 아닙니다. 이제는 이것을 이렇게 저렇게 준비해야 해요. 그렇지 않으면 원하시는 대학은 쳐다도 보지 마세요."

"요즘 여기는 새로운 것으로 갈아탄 지 오래됐어요. 그렇게 계속하시면 뒤처지는 겁니다."

"저희는 트렌드를 가장 빠르게 읽고 대처하게 만들어줍니다. 맡겨만 주세요. 등급은 확실히 보장해드립니다."

"최신 기술을 도입한 저희가 성적 향상의 패러다임을 바꿔드립니다."

그들은 무의미한 정보를 포장하고, 그 정보를 얻고 싶도록 미끼를 던진다. 그래야만 아이에게 경쟁력이 생긴다고 속임수를 쓴다. 미끼를 물어 걱정을 줄이라고 유혹한다. 학부모들은 그들의 눈가림에 철저하게 속아 넘어가거나 그것이 속임수라는 것을 의심하면서도 지갑을 열고야 만다.

두 번째, 일부 학부모들의 허영심과 무분별한 추종이다. 그들은 치명적인 바이러스에 감염되어 있다. 그들 스스로 고급 정보라 칭하는 불분명한 정보를 생성하거나 주도적으로 정보를 찾는 역할을 한다. 또한 주변의 다른 부모들, 즉 잠재적 숙주들에게 적극적으로 바이러스를 옮긴다. 면역력이 전혀 없다고 해도 무방한 잠재적 숙주들은 엄청난 속도로 감염되고, 그들도 다른 누군가에게 유사한 방법으로 바이러스를 전파한다. 이렇게 급속도로 퍼져나간 바이러스는 사람들이 가지고 있는 불안감을 크게 자극함으로써 냉정한 판단은 잃고 분별없이 백신만을 찾기 위해 동분서주하도록 만든다. 백신은 어디에 있을까? 당연히 그 백신은 전문가로 둔갑한 장사치들이 미리 가지고 있다. 이런(혹은 유사한) 과정을 통해 사람들은 장사치들에게 충성스러운 고객이 되어준다. 특정 장소, 특정 시간에는 애당초 약효가 없는 가짜 백신을 사려고 모여든 사람들로 인산인해를 이룬다.

아이가 학교를 다니기 시작하고 12년, 혹은 더 긴 시간 동안 앞서 언급했던 부모들은 쉽사리 변하지 않는다. 오히려 점점 더 극성이다. 그들에게 가장 중요한 것은 오로지 아이의 성적뿐이다. 성적이 좋지 않아 불안하면 그 때문에 돈을 쓰고 성적이 좋아도 더 좋아지려 돈을 쓴다. 오프라인 커뮤니티에서만 오고 간다는 고급 정보를 얻기 위해 발 빠르게 뛰어

다니고, 유명 입시학원에서 주최하는 대입 설명회에 어떻게든 참석하려 애쓴다. 여기저기서 근거도 없이 돌아다니는 거짓 정보에 현혹되어 사리 분별은 뒤로한 채 쫓아다니기에 급급하다. 그렇게 해야 내 아이가 안락하고 평안한 삶을 살 수 있을 것이라 믿기 때문일 것이다. 그렇게 해야 내 걱정과 불안이 조금이라도 줄어들 것이라 기대하기 때문일 것이다.

하지만 사람의 인생은 아무도 모르는 일이고, 불안과 두려움은 영영 끊이지 않는다. 우리는 그 누구도 해결할 수 없는 삶의 문제 앞에서 마치 해결할 수 있는 약을 파는 것처럼 꾸민 장사치들의 보기 좋은 계략에 걸려들어 있는 셈이다.

이와는 반대인 부모들도 있다. 그들은 다수의 사람이 추구하는 방법을 무작정 따르지 않는다. 자신만의 교육 철학을 갖고 그 길을 묵묵히 걸어가며, 아이가 가진 잠재력을 이끌어내고 꿈을 키워갈 수 있는 환경을 조성해준다. 하지만 군중 심리라는 것은 참 무섭다. 특히 우리나라처럼 다수의 의견은 정답이고, 소수의 의견은 오답이라는 잘못된 인식이 당연하게 여겨지는 분위기에서 그런 일은 흔하다. 처음에는 꿋꿋이 그들만의 길을 가는 듯하다가도 주위에서 들리는 "어쩌려고 그래?", "무책임한 것 아냐?"와 같은 말들로 인해 서서히 불안함이 싹트기 시작한다. 그러면 그간 가져왔던 본인만의 교육 철학을 서서히 의심하고 지지자가 없으니 더욱 흔들리고 결국 그러다가 다른 사람들과 같이 바이러스에 감염된다. 주위에서 조장한 두려움, 그 두려움과 장사치들의 기가 막힌 하모니가 그들의 순수했던 가치관을 끝내 오염시키고야 만다.

세 번째로, 대학과 정치인들도 한몫한다. 대학은 더이상 교육 기관이 아니고 돈을 버는 기업의 형태로 변질되어 있다. 언젠가부터 배움의 질이 아닌 취업의 질을 상징하는 숫자를 그들의 무기로 삼아, 높은 취직률을 보장한다는 광고를 내보내며 대놓고 홍보하고 있다. 기업과 무엇이 다른가? 언제부터 대학이 취직을 잘 시켜준다고 광고하는 집단이 되어 버렸는가?

그들의 그런 변질된 모습과 속임수가 청년들에게 빚을 지게 만들고, 그 빚의 굴레에서 쉽게 벗어나지 못하도록 만들고 있다. 마치 학교가 블루오션인 것처럼 갖가지 그럴싸한 핑계를 갖다 붙여 학생들과 부모들의 주머니를 강탈해간다. 그들의 교활한 속임수가 순수함을 해치고 흔들어놓아 치명적인 바이러스에 감염되도록 만들었으며 계속해서 퍼져나가도록 유도한다.

진보니 보수니 따지면서 서로 해결사 노릇을 하겠다고 그럴싸한 논리

마흔, 나는 길들여지지 않기로 했다

로 표를 구걸하는 정치인들도 장사치이자 연기자일 뿐이다. 누가 되었든, 지금의 이 현실을 속 시원하게 해결하려 달려드는 이가 몇이나 되던가? 오히려 그들이 심어놓은 실현 불가능한 장밋빛 미래에 대한 희망이 우리의 몸과 마음에 빚을 지게 만들고, 삶의 터전에서의 균형을 깨고, 가족 간의 불화를 부추기며, 실익 없는 획일화된 교육을 더욱 부채질했다. 사람들끼리 다투게 만들었고, 아이들을 공장에서 찍어낸 듯한 공산품으로 만들었고, 부모들의 이성을 잃게 만들어 기업의 배만 불리는 도구로 전락하게 만들었다. 그리고는 허튼소리를 늘어놓으며 미화시킨다. '열정 페이'니, '아프니까 청춘이다.', '젊어서 그런 고생은 당연한 거지.'라고.

잘 길들여진 학부모들은 이러한 복합적인 요인으로 속임수의 덫에 걸려 방황하며, 바이러스에 감염되어 있다. 서로 더 효과 좋은 가짜 백신을 들고 있다며 유혹하는 장사치들에게 자발적인 먹잇감이 되어 있다.

마흔, 나는 길들여지지 않기로 했다

109

PART 2 낡은 울타리들

❹ 석봉토스트 대표이사 김석봉

신학교를 졸업하고 무보수로 전도사 사역 중이던 그는 경제적인 도움이 될 만한 뭔가를 해보지 않겠냐는 아내의 권유에 길거리 스낵카로 장사를 시작했다. 그의 나이 마흔, 석봉토스트의 시작이었다.

그전까지 세상 욕을 하고 주변 환경 탓도 많이 했던 그는 '지금까지 결국 내가 선택해서 살았구나. 내가 그동안 잠을 즐겼고, 게을렀구나. 생각 없이 살았구나!' 하는 것을 깨달았다. 그 후 그는 '첫째, 세상에 공짜는 없다. 둘째, 시간은 누구에게나 동일하게 주어진다. 셋째, 기회가 주어졌지만 스스로 포기한 것뿐이었구나!'라고 느꼈다고 한다.

그는 "누구든 지금 주어진 일에 최선을 다하고 그 분야에서 마지막일 수 있다는 자세로 일한다면 상상도 못 할 일이 생길 거라고 확신합니다."라고 말한다.

대학 졸업장은
행복 보증수표가 아니다

"대학은 직업을 위한 훈련학교로 되어가고 있다.
그것은 교양 따위에는 전혀 무관심한 전권(全權) 주의자들이 요청하고 있기 때문이다."
– 윌리엄 러셀

"왜 그렇게 자녀의 대학 진학에 모든 것을 걸고 있는가?"라고 묻는다면, 아마도 사람들은 안정적인 직업을 가지고 경제활동을 하면서 큰 위험요소 없이 살아갈 수 있게 도와주기 위함이라고 말할 것이다.(자녀가 꿈을 이루도록 돕고 싶어 하는 소수를 빼고)

그리고 명문 대학이라는 곳을 졸업하면 좋은 기업이나 기관이라고 정해놓은 곳에 진입할 수 있는 장벽을 낮출 수 있고, 그로 인하여 남들보다 더 경제적으로 여유롭게 살 수 있다고 믿기 때문일 것이다. 하지만 그것은 세상을 살아가는 여러 방법 중 하나에 지나지 않는다. 사람들은 그것이 마치 길고 고된 인생 여정을 덜 괴롭고 덜 힘들게 살아갈 수 있는 영구적인 보호 장치로 오해하고 있다. 천천히 한번 짚어나가보자.

먼저 좋은 대학을 졸업하고 좋은 직장에 취업해야만 경제적으로 성공하거나 안정적인 삶을 살 수 있는 것은 아니다. 좋은 대학이라는 곳은 그 수가 정해져 있고, 유망학과라는 곳도 정원이 정해져 있고 좋은 직장이라고 인정받는 곳 역시 채용 인원은 정해져 있다. 반면 사람들은 그곳에 너도나도 들어가고 싶어 안달이 나 있다. 하지만 다 그곳에 들어갈 수 없다. 누가 되었든 바늘구멍을 통과한 사람과 그렇지 못한 사람들로 나뉘게 된다.

그렇다면 그 결과를 바탕으로 두 그룹을 경제적으로 실패 또는 성공으로 분류할 수 있는 것일까? 어려운 관문을 통과한 사람들은 성공하고 행복한 삶을 살아가게 되는가? 나머지는 남들보다 뒤처져서 실패하고 불행한 인생을 살아가게 되는가? 결코 아니다. 게다가 좋은 대학, 유망학과, 유망직종, 좋은 직장은 도대체 무슨 기준으로 나누어진 것이란 말인가? 그런 구분이 인생마저 성공과 실패로 나눌 수 있는 것인가?

주위를 한 번 둘러보자. 우리는 다양한 곳에서 소비를 한다. 당신의 기본적 욕구 충족과 함께, 보다 행복한 삶을 영위하고 싶은 바람들이 당신의 지갑을 열게 만든다. 그 안의 돈들은 여러 사람들의 지갑 속으로 다시 들어간다. 당신의 지갑에서 나온 돈을 받아서 차곡차곡 쌓는 사람들 중에는 대기업을 다니는 사람, 높은 스펙을 자랑하는 사람만이 존재하는 것이 아니다. 대기업을 다니지도, 엄청난 스펙을 자랑하지 못하는 사람들도 돈을 벌어 생계를 유지하며, 자신만의 고유한 능력을 잘 발휘하거나 독자적인 철학으로 살아가는 사람들은 웬만한 기업 규모로 일을 해 나가기도 한다. 그들 중에는 식당이나 카페를 운영하는 사람, 자신의 손재주를 활용해 수공예가로 사는 사람, 꽃을 좋아해 플로리스트로 사업을 꾸려가는 사람, 자신의 그림 실력을 활용해 다양하게 수익을 창출하는 사람, 자신의 생활 노하우를 전파하면서 수입을 만들어가는 사람 등 반드시 대학 졸업장과 연계된 일을 하지 않는 사람들도 넘쳐난다. 대학이 모든 것이 아니라는 말이다.

많은 사람들이 안정적이고 높은 수입원 확보를 목표로(이왕이면 이름 있는) 대학이라는 관문을 통과하기 위해 엄청난 시간과 돈과 노력을 투자한다. 그러나 원하는 대로 되지 않는다. 오히려 대학에 목숨 걸지 않은 사람들이 잘나간다는 직장인들보다 훨씬 더 많은 돈을 벌 수도 있다.

113

다음으로, 무작정 대학을 졸업하는 것이 긴 인생을 살아가며 마주할 수 있는 수많은 위험 요소로부터의 자유로움과 영원한 행복을 보장하지는 않는다. 당신이 명문대학을 졸업하고 대기업에 당당히 합격했다고 가정해보자. 이제 당신은 성공으로 가는 문턱을 넘어섰으며 평생 성공한 사람으로 큰 위험 없이 행복하게 살아갈 수 있을 거라 기대할 것이다.

하지만 천만의 말씀이다. 인생은 길다. 그 긴 여정에서 우리는 항상 많은 위험을 마주하고 또 헤쳐나가면서 살아가기 마련이다. 명문대 졸업, 대기업 취직이라는 단편적인 목적을 달성한 것일 뿐 그러한 위험 요소에서 결코 자유로울 수 없다.

진급하기 위해 애써야 하고, 혹여 후배들보다 뒤처지지 않을까 전전긍긍해야 하고, 나와 성향이 맞지 않는 동료들 때문에 정신적으로 힘들어야 하고, 관계 유지와 회복을 위해 거짓 미소와 입에 발린 멘트를 날려야 하고, 전공과 전혀 무관한 일에 에너지를 쏟아야 하고, 내 의지와는 관계없이 몸과 마음을 희생해야 하고, 갑작스런 회사의 경영 구조 개편에 따라 좌천되거나 직장을 잃게 되는 등 갖가지 위험에서 결코 자유로울 수 없다. 그곳도 전쟁터다. 바깥세상과는 다른 그곳만의 위험 요소가 도사리고 있다. 비단 그곳에서뿐만 아니라 인생에는 어떠한 보증수표도 없다. 그럼에도 불구하고 사람들은 크게 착각하고 있다. 다음의 몇 가지 사례들을 살펴보면서 다시 한 번 생각해보기 바란다.

세계적인 베스트셀러 『부의 추월차선』의 저자이자 사업가인 엠제이 드마코(MJ DeMarco). 과연 그가 가진 대학 졸업장과 우수한 학점이 그를 백만장자로 만들었을까? 천만의 말씀이다. 그는 대학을 졸업하고 자신의 사업을 비롯한 여러 일을 전전하며 살았다. 그는 우수한 성적으로 친구들보다 일찍 대학을 졸업했지만 꼭두새벽부터 막노동에 가까운 일들을 반복하며 처절하게 살아야 했다. 대학 졸업장을 손에 쥐었지만, 자신이 원하는 현실을 마주할 수는 없었던 것이다. 자신의 그런 모습이 죽을 만큼 싫었던 그는 스스로를 막다른 곳으로 몰아넣고 처절하게 공부하며 자신이 구상하던 사업을 현실화시켰다.

얼마 지나지 않아 그가 마주한 것은 인생의 종말이 아닌 여태껏 만져본 적 없는 돈이었다. 그 후 그는 자신이 스스로 쌓은 지식과 자신만의 판단으로 여러 사업적 확장을 통해 큰 부자가 된다. 또한 지금도 회사에 얽매여 일하지 않으며, 24시간을 온전히 자신이 관리하는 경제적 자유인으로서 새로운 삶을 맘껏 영위하고 있다.

누군가는 그럴 것이다. 그는 우리와 달리 특별하다고. 하지만 그는 생계를 홀로 꾸려가는 어머니와 함께 살았고 방에 혼자 틀어박혀 도넛을 먹으며 TV를 보는 뚱뚱한 외톨이 꼬마에 불과했다. 친구들처럼 대학을 졸업했고, 자신의 꿈을 이루려 여러 사업에 손을 댔다. 즉, 그는 특별하지 않은 우리와 비슷한 모습이었다.

그가 결과적으로 특별해진 이유는 자신이 어릴 적 마주한 람보르기니 차주와 같은 젊은 부자가 되는 방법을 찾으려 애를 썼다는 것이다. 그리고 졸업장과 직장 생활의 노예가 되지 않으려 철저하게 스스로를 통제했다는 것이다. 그는 목적이 뚜렷했고, 길들여짐의 울타리에 갇힌 친구들의 모습을 부러워하지 않았으며, 그들처럼 살아가기를 거부했다.

온라인 반찬 마켓 '더반찬'의 창업자 전종하는 어릴 적 소위 말하는 게임 폐인이었다. 학교 공부에 영 취미가 없던 그는 한 번도 자신이 실패한 인생을 시작할 것이라 생각하지 않았다. 오히려 공부는 자신이 갈 길이 아님을 쿨하게 인정하고, 고교 졸업 이후 창업을 준비했다. 그에게 우리 시대가 일방적으로 요구하는 스펙 따위는 없었다. 하지만 그는 1년 남짓한 시간 동안 자신의 계획을 달성하기 위해 피나는 학습을 이어갔고, 마침내 창업하기에 이른다. 이후 자신만의 사고방식과 철학으로 어려움을 계속해서 극복해나가며 회사를 성장시켰다. 7년 만에, 그는 자신의 회사를 300억이라는 거금에 매각하고 새로운 창업을 꿈꾸고 있다.

만약 그가 길들여진 대다수 사람들과 같이 살아갔다면 그는 소위 루저로 인식되었을 것이다. 하지만 그는 세상의 요구에 길들여지거나 그 틀에 자신을 끼워넣지 않고 울타리를 당당하게 뛰쳐나가 자신만의 울타리를 만들었다.

내 지인은 현재 전업 투자자이다. 그도 마찬가지로 대학을 졸업했다. 정확히 말하면 2개의 학위를 취득했다. 하나는 많은 사람들과 다르지 않은 이유 때문이었고, 하나는 자신의 필요에 의한 것이었다. 그는 다니던 직장을 그만두었고, 자신이 필요해서 습득한 전문 지식을 현재의 삶을 살기 위한 도구로 사용했으며, 생존을 위한 자신만의 울타리를 구축했다. 게다가 하루하루 다른 투자자들에게 지식을 나누어주고 그들과 소통하며 길잡이가 되어 살아가고 있다.

그는 누구에게 쫓기듯 살지 않는다. 뚜렷한 목적과 목표를 갖고 있으며, 스스로 자산을 관리하고 스스로 위험 요소를 파악하고 통제한다. 아이들을 더 가까이에서 함께, 오래 마주하고 시간의 구애 없이 여행을 다녀오기도 하는 등 스스로의 시간을 통제하면서 행복하게 살아가고 있다.

만약 그가 다른 사람들처럼 그저 자신이 취득한 학위로 직장을 계속해서 다녔더라면 현재의 그는 존재하지 않을 것이다. 그에게 도움을 받는 많은 이들은 그를 알지도 못했을 것이며, 투자에 있어서도 사고의 전환을 이루지 못했을 것이다. 그 역시 농부의 자식으로 태어나 도시에서 힘들게 유학 생활을 했으며, 직장 생활과 사업을 비롯해 각종 일에 손을 대며 살아가던 사람이었다. 하지만 대학 학위와 직장 생활에 의존하지 않고 돈이 흘러가는 이치를 이해하기 위해, 그리고 현명하게 살아남기 위해 또 다른 공부를 했다. 길들여지지 않으려는 그의 노력이 현재의 그를 만든 셈이다.

앞에서 소개한 이들은 몇 가지 공통점을 가지고 있다.

- 자신의 삶을 스스로 관리하고 통제했다.
- 졸업장과 직장의 타이틀에 의존하지 않았다.
- 남들이 떠밀어서가 아닌 자신의 필요에 의해 그 누구보다 치열하게 학습했다.

자, 어떤가? 이들의 자세와 삶은 맹목적으로 성적 만능주의의 울타리에 갇힌 채 대학을 졸업하는 것이 안정적이고 행복한 미래를 보장해주지 않음은 물론, 갖가지 위험 요소와 변수로부터 자유로울 수 없다는 것을 말해준다. 그리고 누구나 말하는 삶의 일반적인 과정에만 길들여지면 인생은 크게 달라지지 않는다는 것도 알려준다. 이렇듯, 학교 성적이 성공과 직결되지도 않을뿐더러 우리가 궁극적으로 원하는 행복한 인생을 보장해주는 백지수표도 아니다. 하지만 여전히 많은 사람들은 그러한 착각에 빠져 있다.

요즘 1인 크리에이터가 각광을 받고 있다. 그중 대표적인 인물 중 1명의 최종 학력은 고등학교 졸업이다. 우리를 길들여온 공식에 따르면 그 사람은 성공하지도, 행복하지도 못해야 한다. 하지만 현실은 반대다. 그는 일찍이 사회생활을 경험했고, 자신만의 패기를 바탕으로 본인의 생존을 위해 노력했으며, 그 당시의 경험을 살려 지금의 자신을 만들었다. 역설적으로 그보다 학력이 좋은 사람들이 그를 우러러보며 그에게 열광한다.

나의 지인 중에도 남들이 부러워하는 졸업장을 가진 사람들이 있다. 우리를 길들여온 공식대로라면 그들은 행복하게 안정적인 삶을 살고 있어야 한다. 하지만 그렇지 못하다. 그들이 배운 지식의 깊이와 그들이 받은 우수한 성적은 현실에서의 안정적인 생활과 행복, 각종 위험 요소로부터 그들을 지켜주지 못하는 그저 허울뿐인 종잇장에 불과하다. 그들도 결국엔 길들여짐의 울타리에서 말하는 '성적 = 성공 + 행복 보증수표'라는 인생 공식의 희생양인 셈이다.

나도 학교 성적이 밝은 미래와 행복한 삶을 책임져준다고 교육받았고 그것이 정답인 줄로만 알았다. 많은 사람들과 같은 길을 걸어와 평범하게 직장 생활을 하고 있으며, 남들처럼 가정도 꾸리고 소소한 행복을 즐기며 살고 있다. 그렇지만 온전히 나 자신만을 평가하자면 나는 행복하지 않다. 1장에서 소개한 것처럼 나는 어릴 적 운동에 흥미가 많았고 약간의 자질도 있었다. 하지만 그런 선택은 인생에서 큰 위험 요소이자 도박이며, 공부만이 안정적인 직장을 얻어서 편하게 인생을 살 수 있는 길이라고 세뇌당했다. 나는 내 행복과 꿈을 포기해야만 했다.

만약 그때 부모님이 나의 꿈을 존중하고 지지해주었더라면 과연 지금 나는 어떤 삶을 살고 있을까? 물론 무엇을 하건 여러 장애물들이 있기 마련이겠지만 그 안에서 내가 원하는 것을 하면서 지금보다는 더 행복하게

마흔, 나는 길들여지지 않기로 했다

살고 있을 것이라 믿는다. 설령 중간에 불가피한 사정으로 그만두게 되더라도 나의 지난 시절은 무척이나 행복했고, 그 기억을 평생 가지고 살며 또 다른 나만의 행복한 미래를 꿈꾸고 있을 것이라 믿는다. 게다가 그런 과정을 거쳐 오는 동안 누군가에게 의존하지 않고 스스로가 이끌어가는 삶의 자세를 갖추게 되었을 것이라 믿는다. 성적이나 대학 졸업장이 주는, 남들이 말하는 것과는 다른 나만의 행복 요소와 삶의 무기가 나와 함께하고 있을 것이다.

이처럼 학교 성적과 대학 졸업장이 성공과 행복을 반드시 보장하는 절대 불변의 진리는 아니다. 또한 부모가 그것을 정해줄 수도 없다. 그 행복을 만들고 느끼는 사람은 당사자이다. 공부가 좋거나, 자신의 꿈을 실현하기 위한 과정으로 대학에 진학해 더없이 행복하게 살아가는 사람도 있을 것이다. 자신의 배움을 바탕으로 인류에게 큰 혜택을 주는 일을 해낼 수도 있을 것이다. 하지만 과연 모든 사람이 그것에 행복을 느낄까?

당신 자신을 되돌아보라. 당신의 의지나 꿈과 관계없이 장시간 책상 앞에 갇혀 지내온 과거는 과연 행복했는가? 그 수많은 과정을 거쳐 당신이 처한 현재 상황이 당신을 행복하게 해주는가? 당신의 성적표가, 당신의 졸업장이 당신의 행복에 긍정적인 영향을 미쳤다고 생각하는가? 아니면 과거로 되돌아가 당신의 진정한 행복을 누리기 위해 다른 것에 도전하고 싶은 욕구가 더 큰가?

한국 청소년 정책연구원에서 2016년에 실시한 아동 청소년 인권 실태 조사에 따르면, 행복하지 않은 이유 중에서 '학업에 대한 부담'이 가장 높은 응답률을 보였고 '미래에 대한 불안'과 '내가 하고 싶은 것을 할 수 없어서'라는 항목이 각각 다음을 이었다. 이 결과는 우리 자녀들이 하고 싶은 것을 하지 못하도록 통제받으면서 원치 않는 학업에 등 떠밀려 불행해하고 있다는 것을 말해준다.

마흔이 된 우리가 그 시절로 되돌아가 조사에 응답했다면 다른 결과가 나왔을까? 나는 아니라고 확신한다. 우리는 장시간에 걸쳐 우수한 성적과 행복을 하나의 공식에 집어넣는 오류를 오래도록 저질러왔으며, 그 오류의 결과가 지금 우리의 모습이기 때문이다.

대학 진학은 필수가 아닌 선택이며, 가지 않는다고 죄를 짓는 것도 아니다. 20세에 꼭 있어야 하는 곳이 아닌 언제든 마음먹으면 갈 수 있는 곳이라야 한다. 남들이 가니 나도 따라가야 하는 곳이거나, 부모에게 등

마흔, 나는 길들여지지 않기로 했다

떠밀려 가야 하는 곳이 아니어야 한다. 원하는 대학에 가지 못한다고 해서, 또는 대학 진학을 못한다고 해서 인생의 실패자가 되거나 평생 불행하게 살라는 낙인이 찍혀야 하는 것도 아니다. 인생의 진정한 목표를 버린 채 세상이 공식처럼 정해놓은 과정을 따라가기 위해 애쓰는 것은 미래의 행복과 성공을 보장하지 못한다. 오히려 길들여짐의 울타리에 갇혀 그 안에서 헤매고 방황하게 만드는 덫이 될 수도 있다.

당신에게 묻고 싶다. 당신이 명문 대학을 졸업한 사람이라면 과연 지금 모든 위험에서 자유롭고 행복한가? 아니면 그럼에도 불구하고 위험에서 자유롭지 못하며 행복하지 않은가? 반대로 당신이 대학에 가지 않았다고 해서, 혹은 이름 없는 대학을 졸업했다고 해서 지금 행복하지 않은가? 아니면 그럼에도 불구하고 행복한가? 당신의 대답이 무엇이든 관계없다. 중요한 것은 당신이 자유 의지로 그 길을 걸어왔느냐, 아니면 세상의 요구에 길들여져 어쩔 수 없이 이끌려왔느냐는 것이다.

학교는
모순 덩어리다

"오늘날 사람들은 공부를 많이 한다고는 하지만 인생의 진정한 의미를 깨달은
동서고금의 철학자들에 비교할 때 의미 없이 살아간다.
그들이 잘못된 교육을 받기 때문이다. 그들은 여러 가지 잡다한 과목을 수없이 배우나
삶의 의미나 목적을 제대로 배우지 못하고 있는 실정이다."
– 레프 톨스토이

학교에서는 다양한 것을 가르친다. 관계 형성, 예절, 과학, 역사, 언어, 예술 등 많은 것을 배우도록 교육 과정이 구성되어 있다. 그 안에서 다양한 궁금증을 해결하고 호기심도 자극받는다. 관심 분야도 알게 되고, 더 깊이 공부하고 싶은 욕망도 생기고 나아가 꿈도 키워나간다. 그러면서 한 단계 한 단계 성장해나간다. 그렇게만 해나간다면 얼마나 좋겠는가? 하지만 교육은 이미 변질되거나 시대에 뒤처져 있다. 정말로 아이들의 미래를 위해 이 나라를 움직일 기반으로 성장시키고자 하는 의지는 이미 잃어버린 지 오래다.

그래, 맞다. 그것까지는 지나친 욕심이거나 허황된 꿈일 수도 있다. 하지만 그 외에도 살아가면서 알아야 할 중요한 정보나 지식, 지혜에 대한 학습에는 그다지 관심을 두지 않는다. 원만한 인간관계를 만들고 유지하는 방법, 잠재력을 끌어내기 위한 도움, 자존감을 높이는 방법, 갈등을 해결하는 다양한 방법, 돈이 무엇이며 어떻게 흘러가고 사용되는지, 저축과 보험과 대출과 이자가 무엇이며 왜 필요한지, 나라와 국민은 무엇이며 그 역할과 책임은 무엇인지, 진정으로 사람들과 살아가기 위해 필요한 정의로움은 무엇인지와 같은 것이다.

물론 교과서에서 언급될 수는 있다. 하지만 그다지 비중을 두지 않는다. 그저 좋은 대학이라 정해놓은 곳에 입학하는 것이 전부인 듯 시험 성적을 잘 받아야 하는 교과목에 많은 시간을 쏟아붓도록 만든다. 그러면서 '중요하다'고 정해진 과목들의 성적이 상대적으로 뒤처지면 죄인처럼 취급하고, 성적이 상대적으로 뒤처지는 자식을 둔 부모는 평생 자식의 앞날을 걱정해야 하는 것이 공식인 듯 가르친다.

나아가 성적 만능주의로 획일화되고 현실과 동떨어진 교육 제도에 순응하기를 요구한다. 즉 학교 성적이 인격이요, 재산이요, 도리요, 미래라고 가르친다. 모르는 것은 부끄러운 것이라 가르친다. 꿈을 향해 가기보다 꿈을 접으라고 가르친다. 수많은 길을 앞에 두고도 길은 그리 많지 않다고 가르친다. '다름' 대신 '틀림'을 가르친다. 내면보다는 외면을 중요시여기도록 가르친다. 생각의 다양성을 존중하지 않는다. 시대착오적 내용을 교육이랍시고 계속해서 머릿속에 집어넣길 강요한다.

그럼에도 불구하고, 우리는 무조건 학교 교육을 따라야 한다는 것과 동시에 우수한 성적을 받아야 한다는 고정관념에 물음표를 던지지 않고 있다. 하지만 잘 생각해보자. 20~30년 전 교육 제도와 지금 우리 아이들이 마주하고 있는 교육 제도는 그다지 바뀐 것이 없다.(제도의 형태가 아닌 제도의 본질을 말하는 것이다.) 그 시스템을 거쳐간 세대만 달라졌을 뿐이다. 우리는 그러한 과정을 몸소 체험해보아 잘 안다. 폐쇄적인 성교육, 기본과 과정보다는 결과 중심의 교육, 돈과 관련된 금융 지식과 그에 대한 기초 교육 부재, 성 역할의 고정관념 주입, 서열주의의 정당화, 국가 운영 시스템에 대한 복종, 국민의 권리보다는 의무를 중시하는 교육 등등.

그래서 어떻게 되었는가? 높은 수준의 교육을 받았음에도 우리는 막상 사회라는 야생에서 안전하고 풍족하게 살 수 있는 방법은 잘 알지 못한다. 길들여진 사람들에게 받은 길들여지기

좋은 교육이 만들어낸 결과이다. 지인의 달콤한 말에 이끌려 사기를 당하기도 하고, 잘못된 부동산 계약으로 손해를 보거나, 그럴싸한 유혹에 이끌려 주식투자로 큰돈을 잃기도 하고, 불합리하게 노동력을 착취당하며 회사에서 노예처럼 일하기도 하고, 기업들의 얄팍한 상술에 넘어가 알게 모르게 합법적 피해를 입기도 한다. 이처럼 세상이 만들어놓은 각종 편견과 유혹에 쉽게 빠져들며, 그 과정에서 피해를 입으며 괴로움을 겪는다.

무엇보다 자신에 대해 잘 알지 못한다. 그저 남들이 정의해놓은 삶의 기준에 맞추어 꼭두각시처럼 살아간다. 이런 상황에 처하면 자신이 거쳐온 교육 시스템이 올바른 기능을 하지 못한 것을 원망하기보다 각종 정보와 경험과 관심이 부족한 탓이라 자책하면서, 어떻게든 버텨내야 하는 것이라 여기고 있다. 하지만 정작 문제는 교육 시스템에 1차적인 원인이 있고, 2차적으로는 잘못된 교육을 맹신하고 길들여져온 데 있다.

도대체 왜 그래야 하는가? 덜 힘들고 덜 고생하기 위해 미리 배워 두었으면 얼마나 좋았겠는가? 왜 학교는 그런 것을 미리 가르쳐주지 않는가? 온갖 발품을 팔고 수소문하고 도서관과 인터넷을 뒤져가며 힘들게 또 다른 시간과 비용과 노력을 들여야 가까스로 헤쳐나갈 수 있게 해놓았는 가? 생존을 위해 반드시 필요한 것임에도 왜 막상 학교에서는 그것을 가르쳐주지 않는 것인가? 그것이 학교의 역할 중 하나여야 하고, 그것이 교육의 목적 중 하나여야 하지 않는가? 정작 스스로를 지킬 수 있도록 다양한 방법을 가르쳐야 할 학교 교육이 사람들을 무방비 상태로 야생에서 좋은 먹잇감이 되도록 만들었다.

사교육 쪽으로 잠시 눈을 돌려보자. 나는 중학생이던 1990년대 초에 방문 학습지 교육을 받았는데 지금 생각해보면 그 내용은 단순했다. 그저 동일한 계산법을 계속해서 반복해 익히는 것이었다. 약 30년이 지난 지금도 동일한 형태의 교육은 계속되고 있다. 오히려 부모들의 걱정을 무기로 영역을 더 넓혀 취학도 하지 않은 아이들까지 자신들의 사업 영역으로 끌어들인다.

그 긴 시간 동안 과연 무엇이 달라졌는가? 태블릿 PC와 노트북을 활용하는 것? 그건 그저 수단이 바뀐 것일 뿐 본질적으로 바뀐 것은 없다. 어떻게 단편적인 하나의 교육 방식이 그렇게 장시간 유지될 수 있었을까? 그 이유는 다음 2가지로 설명할 수 있다.

마흔, 나는 길들여지지 않기로 했다

- 오래된 교육 시스템이 큰 변화 없이 유지되고 있다.
- 교육에 대한 사람들의 의식 또한 정체되어 있다.

통계청의 자료를 보면 결과가 어떻게 반영되고 있는지 확인할 수 있다. 자료에 따르면 2007년 21.9만 원이던 1인당 월평균 사교육비는 2011년~2013년까지 24만 원을 유지하나 싶더니 이듬해부터 증가하여 2017년에는 27.6만 원으로 집계되었다. 결과는 단순히 사교육비가 점점 늘어가고 있다는 표면적 결과뿐만 아니라, 길들여짐의 울타리에 갇힌 사람들의 두려움이 점점 커지고 확산되고 있다는 것도 함께 시사한다.

길들여짐은 비단 이런 표면적인 통계적 수치로만 드러나는 것이 아니라 정작 우리가 필요한 정보의 습득으로부터는 외면당하게 만든다. 그리고 우리는 그런 사실도 모른 채 눈이 가려진 경주마가 되어 앞만 보며 열심히 달려가고 있을 뿐이다.

한국민족문화 대백과사전은 '교육은 인간이 삶을 영위하는 데 필요한 모든 행위를 가르치고 배우는 과정이며 수단'이라고 정의한다. 사전에서 말하는 교육의 정의는 과연 맞는 것일까? 마흔이 된 우리는 자라며 무엇을 교육받았는가? 그리고 우리의 자녀들은 무엇을 교육받고 있는가?

교육을 뜻하는 영단어 Education의 어원은 그리스어인 Educe이며, 이는 인간의 잠재력을 밖으로 끌어내어 최대한 발현시키는 것을 의미한다. 하지만 우리가 자라오면서 그러했듯 우리의 자녀들도 잠재력의 발현(Educa-ted)에 도움을 받거나, 야생으로 뛰어들기 전 생존법칙을 익히지 못하고 있다. 그저 세상이 정해놓은 울타리에 갇혀 세상이 원하는 획일화된 상품으로 생산되어 그 가치가 매겨지는(E-valua-ted) 상황에 처해 있을 뿐이다.

마흔, 나는 길들여지지 않기로 했다

잠깐, 읽어보자!

질리언은 학교에서 애물단지였다. 산만하고, 숙제도 잘 해오지 않았고, 글씨도 엉망인 데다 성적은 말할 것도 없었다. 선생님에게 늘 주의를 받았지만 달라지는 것은 없었다. 결국 학교에서는 질리언이 학습 장애를 겪고 있어 특수학교에 보내야 할 것 같다고 질리언의 부모에게 편지를 보냈다.

질리언의 부모는 걱정되는 마음에 의사를 찾아 그녀의 문제점에 대해 설명했다. 의사는 질리언의 어머니와 대화를 나누며 그녀를 유심히 지켜보았다. 한참 후 의사는 "질리언, 어머니와 둘이서 이야기를 좀 더 해야 할 것 같아. 잠깐 나갈 테니 여기서 기다려줘."라며 라디오를 켜놓은 채 밖으로 나왔다. 그 뒤 놀라운 광경이 벌어졌다. 라디오에서 음악이 흘러나오자 자리에 앉아 있던 질리언이 일어나 음악에 맞추어 몸을 움직이는 것이었다. 몇 분 동안 창문 너머로 질리언을 바라보던 의사는 이렇게 말했다.

"어머니, 질리언은 문제아가 아니에요. 댄서예요. 무용 학교에 보내세요."

그 후 그녀는 무용 학교에 진학했고 계속해서 커리어를 쌓아나갔다. 이후 자신의 이름을 건 댄스 회사를 설립한 그녀는 여러 뮤지컬을 책임지며 수백만 명에게 즐거움을 선사하고, 백만장자가 되었다.

그녀가 바로 뮤지컬 〈캣츠〉와 〈오페라의 유령〉의 안무가이자 영국을 대표하는 위대한 제작자인 질리언 린이다.

– 〈TED, 학교가 창의력을 죽인다〉 중에서

마흔, 나는 길들여지지 않기로 했다

길들여짐의
대물림

"관습적인 성공을 인생의 중요한 목표라고 젊은이들에게 설교하지 말아야 한다.
학교와 인생에서 가장 큰 동기는 일의 기쁨, 그 결과에서 얻는 기쁨,
그리고 그 지역에 이바지한 가치를 아는 것이다."
– 알버트 아인슈타인

세상은 정말로 급격하게 변하고 있다는 말이 무색할 만큼 그 속도를 가늠할 수조차 없다. 휴대전화로 집안의 기기들을 조작할 수 있으며, 말 몇 마디에 인공 지능이 알아서 많은 것을 해주는 것은 이제 더 이상 낯선 일이 아니다. 상상 속의 일들이 현실화되었다는 뉴스 기사는 식상할 만큼 자주 접할 수 있게 된 세상이다. 기술이 급격히 변하고 그에 따라 사람들의 일상이 시시각각 변하며, 더불어 온갖 새로운 직업이 빠르게 생겨나고 사라지기를 반복하고 있는 세상이다.

하지만, 아직도 많은 사람들은 학교 성적이 인생을 바꾼다는 그 사고

133

에서 벗어나지 못하고 있다. 이미 글로벌 시대가 된 지 오래이며, 대한민국뿐만 아니라 전 세계인과 경쟁하며 살아가는 시대임에도 불구하고 여전히 구시대적 사고에 머물러 있다. 선배 세대들이 만들고 유지해온 길들여짐의 울타리에 여전히 아이들을 가두려 하고 있다.

　우리가 지나온 시간을 돌아보자. 그렇게 선배 세대들이 세워놓은 울타리에 둘러싸여 그들의 기준에 맞도록 공부했고, 겨우겨우 그 터널을 지나 학교를 벗어났다. 드디어 사회의 일원으로 경제 활동을 할 수 있게 되었다. 하지만 냉정하게 보자면 그 결과는 이렇다. 나의 시간을 남에게 뺏긴 채 원하지 않는 일을 하며 괴로워하고, 하루하루 지옥 같은 출퇴근길에 지치기를 몇 년. 매일 아침 '아, 정말 가기 싫다.'라고 속으로 투정을 부려보지만 현실은 달라지지 않는다. '내가 원했던 건 이런 삶이 아니었는데….'라며 그저 시키는 대로 열심히 달려온 지난날을 후회해보기도 한다. 뒤늦은 깨달음 앞에서 현실을 부정해보기도 하지만 도망칠 수 없는 상황에 체념한 채 원치 않는 삶을 계속해서 살아간다.

　그럼에도 그런 사실은 새카맣게 잊어버린 채 아이에게 같은 것을 강요한다. "나보다 공부를 더 열심히 해서 좋은 성적을 받아야 해.", "나보다 더 좋은 대학을 가야 성공 한단다.", "의사가 되어라.", "법관이 되어라.", "대기업을 가라.", "무엇을 해라… 무엇이 되어라."라고 아이의 인생을 정하려 한다. 자신과 똑같은 길을 가라고 강요하며, 살아간다는 것은 '원래 그런 것'이라고 세뇌시키고 있다. 이는 현재의 자신처럼 원하지 않는 일을 하며 월요일부터 금요일까지 괴로워하라는 것이며, 피할 수 없는 벌을 주고 어떻게든 참아내라는 것과 다르지 않은 말을 하고 있다.

긴 시간 길들여짐의 울타리가 정해놓은 길을 걸어왔는데 지금 당신이 마주한 현실은 어떠한가? 매일 행복하고 활기찬 현실인가, 아니면 당장 도망치고 싶은 현실인가? 돌이킬 수 없는 시간과 아무런 저항 없이 타인이 정의해둔 길에 자신을 맡겨버린 결과에 대한 원망만 남아 있지 않은가? 우리는 맹목적으로 정답이라고 정해놓은 길을 걸어왔지만 행복하지 못할뿐더러, 현실을 벗어나지 못해서 매일 아침 투정을 부리고 있다. 내 삶의 수준을 남들과 비교하면서 내 신세를 비난하거나 한탄하고, 그것이 공부를 열심히 하지 않아 초래한 결과라 자신을 무너뜨리고 있다. 사실 우리를 가두어온 울타리가 그런 결과를 제공했음에도 말이다.

아이들도 마찬가지의 환경에 놓여 있다. 우리가 그렇게 가르치고, 사회가 그렇게 가르치기 때문이다. 하지만 아이들이 행복하게 살아가기 바란다면 차라리 그냥 내버려두어야 한다. 스스로 꿈이라도 꿀 수 있는 기회라도 주어야 한다. 오히려 어설프고 세상의 파도에 쉽게 흔들리는 교육 가치관은 아이들을 공부 잘하는 괴물로 만들거나 쓸데없이 인생의 패배자로 단정지어버리는 결과만 초래할 뿐이다.

학교 성적이 좋지 않다는 것은 세상에서 할 수 있는 많은 일 중에서 하나를 못한다는 것뿐이다. 하지만 우리는 그것이 전부인 양 착각하고 있다. 왜 그것이 인격과 재력과 인간관계와 자존감에 영향을 주어야 하는가? 왜 자신의 일부에 불과한 것으로 자신의 전체를 누군가로부터 평가받아야 하는가? 진정으로 걱정되는 것은 아이들의 학업 능력과 성적과 미래가 아닌 아이들을 잘못된 울타리에 자꾸만 밀어넣으려는 우리 모두의 낡은 의식이다. 그 안에 갇혀 있는 우리는 아이들에게 길들여짐을 대물림하고 있을 뿐이다.

아이들이 자라나 경제적으로 안정된, 혹은 부유한 삶을 살기를 원하는 것은 모든 부모의 바람이다. 하지만 정작 큰돈을 벌고 부자가 되는 사람들은 세상이 필요로 하는 가치를 생산해내는 사람들이지, 무조건 좋은 대학을 졸업한 사람들이 아니다. 그런 사람들은 학교 교육에 찌든 사람들과는 다른 관점으로 세상을 바라본다. 그들은 좋은 성적을 받을 수 있느냐, 미래 지속성이 충분한 직업을 가질 수 있느냐, 높은 연봉을 받을 수 있는 직업이냐를 따지지 않고, 자신이 하고자 하며 필요한 것을 찾아서 공부한다. 학교 교육이 우리에게 제공해주는 것이 그리 많지 않다는 것을 일찍이 깨달은 사람들이다.

아이들을 제2, 제3의 마윈(Ma Yun), 빌 게이츠(Bill Gates), 데이비드 카프(David Karp), 마크 저커버그(Mark Zuckerberg), 제프 베조스(Jeff Bezos), 래리 앨리슨(Larry Ellison)과 같은 세계적인 유명인으로 키워내거나 그렇게 자라나기를 기대하자는 말이 아니다. 그저 지금의 교육 제도 안에서 벗어나지 못하도록 억지로 가둬두거나 아무런 생각 없이 주변의 분위기를 따라가도록 내버려두어서는 안 된다는 말이다.

무심코 내뱉는 "그런 사람들은 특별해서 그런 거야. 넌 평범하니까 공부나 열심히 해."와 같은 말은, 아이 자신이 세상에서 가장 특별하다고 생각하는 자존감의 싹을 잘라버리는 것과 동시에 꿈을 파괴한다. 동시에 고유의 잠재성을 찾을 기회도 놓치게 한다. 달리 말하면 세상이 만들어

둔 길들여짐의 울타리에 갇혀, 울타리가 원하는 삶을 살라는 강요에 지나지 않는다.

따라서 우리가 먼저 변화하지 않으면 선배 세대로부터 물려받은 길들여짐은 고스란히 우리의 입을 통해 아이들을 향하게 되어 있다. 우리가 먼저 그곳에서 벗어나야 아이들도 그곳에 갇히지 않을 수 있다는 말이다. 그 변화의 시작은 당신과 나, 우리여야 한다.

마흔, 나는 길들여지지 않기로 했다

잠깐, 읽어보자!

조승연 작가가 한 TV 프로그램에 출연해 자신의 경험담을 소개했다. 그가 초등학생 시절에 '가족 중 돈을 벌어오는 사람은 누구인가?'를 묻는 시험 문제가 있었다.

당시 그의 아버지보다 어머니가 더 많은 돈을 벌어오고 있어 '어머니'를 답으로 선택했다. 하지만 담임 선생님은 오답으로 처리했다. 그는 선생님을 찾아가 틀린 이유를 물었지만 "너에 대해 물어보는 것이 아니란다."라며 편견의 수용을 강요했다. 그는 그런 답이 되려면 '보편적'이라는 단어가 들어가야 된다며 항의했지만 선생님은 인정하지 않았다. 소식을 들은 그의 어머니가 찾아가 함께 항의해도 소용없었다.

지금은 일어나지 않는 일이라 생각하는가? 하지만 인터넷에 몇 분만 투자하면 결코 그렇지 않다는 사실을 알 수 있다. 그런 문제의 유무를 떠나 중요한 사실은 지금 우리가 가진 교육에 대한 의식과 아이들이 받는 교육이 그때와 거의 달라진 것 없이 '잘' 대물림되었다는 것이다. 아이들의 상상력을 제한하거나 개인의 고유한 상상의 결과에 정답이냐 오답이냐의 잣대를 들이대면서 아이들의 생각을 거푸집에 가두려는 몇몇 시험 문제만 보아도 알 수 있다. 여전히 우리는 길들여짐의 울타리에 갇혀 있고, 아이들도 그 안에 가두려 한다.

마흔, 나는 길들여지지 않기로 했다

길들여지지 않은 **마흔**들의 이야기

⑤ KFC 창업주 커넬 샌더스

홀어머니를 도와 집안 생계를 책임지던 한 소년은 의붓아버지의 폭행과 가난을 견디지 못해 12살에 가출한다. 여러 직업을 전전하며 중년이 되어서야 겨우 식당을 열고 만든 치킨이 잠시 유명세를 얻는가 싶더니 예순 다섯에 파산하고 만다.

파산 지경에 이르렀으나 닭요리에서 만큼은 자신이 최고라 자부하며 포기하지 않았다. 그 후 3년간 자신이 만든 요리 레시피를 판매하려 했지만 1,008번이나 거절당했다. 하지만 1,009번째에 마침내 계약에 성공한다.

이후 그는 자신의 이름보다 KFC 할아버지로 우리에게 더 잘 알려져 있다. 그는 "멋진 아이디어를 가진 사람은 많지만 이를 행동으로 옮기는 사람은 드물다. 나는 실패를 통해 경험을 얻고 더 나은 방법을 찾으려고 애썼다."라고 말했다.

142

마흔, 나는 길들여지지 않기로 했다

143

PART 2 낡은 울타리들

학력도
인플레이션을 먹고 자란다

"세계가 그 어느 때보다 빠르게 변하고 있지만 우리의 조직,
학교는 아직도 과거의 습관에 얽매여 있어 인적 재능의 낭비가 막대하다."

– 앨빈 토플러

인플레이션은 경제학 용어로, 통화량의 증가로 화폐의 가치가 하락하고 물가가 상승하는 것을 의미한다. 한국은행의 자료에 따르면, 1980년 13조 원이던 통화량은 2018년 12월 기준 2,800조 원으로 약 200배 가까이 증가했다. 이것은 같은 물건을 40년 전보다 훨씬 더 많은 돈을 주고 사야 한다는 뜻이다. 그만큼 화폐의 가치가 낮아졌다는 것을 말해준다.

영국의 교육학자 켄 로빈슨은 현대 사회가 학력의 인플레이션을 맞이했다고 말한다. 즉 고학력자가 점점 많아지면서 그 가치가 낮아진다는

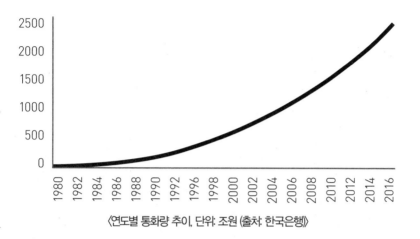

〈연도별 통화량 추이, 단위: 조원 (출처: 한국은행)〉

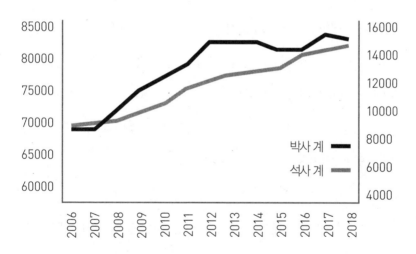

박사 계 ━━━
석사 계 ━━━

〈연도별 석/박사 졸업자 수 변화 추이, 단위: 명 (출처: 한국교육개발원, 교육통계·연구센터)〉

것이다. 한국 교육 개발원과 교육통계·연구센터의 자료에 따르면 2006년 석사학위 졸업자 수는 약 7만 명, 박사학위 졸업자 수는 약 9천 명으로 집계되었으나 2018년에 이르러서 그 수는 각각 8만 2천 명, 1만 4천 명으로 증가했다.

로빈슨 박사의 주장과 같이 통화량이 계속해서 증가하며 그 가치가 떨어지듯, 학위 취득자도 계속해서 증가하며 그 가치가 떨어지고 있는 셈이다. 바꾸어 말하면 과거와 같은 수준의 일자리를 얻기 위해 필요한 학위나 자격 요건의 수준이 점차 높아진다는 뜻이다.

대학이나 대학원을 졸업한 고학력자들이 9급 현장직 공무원 시험에 대거 지원했다는 뉴스 기사는 이런 사실을 말해주는 대표적인 현상이다. 이는 많은 학생들이 진정한 배움보다 겉으로 드러나는 경쟁력을 확보하기 위해 그다지 필요해 보이지 않는 곳에 어쩔 수 없이 돈과 시간을 들일 수밖에 없는 시대라는 말이기도 하다.

또 다른 대표적인 사례가 토익 점수이다. YBM 토익 위원회에서 조사한 결과에 따르면, 2008년 610점이던 연간 토익 평균 성적은 해를 거듭할수록 상승하여 2016년에는 687점을 기록했다. 이와 같은 인플레이션

현상으로 토익 성적의 가치가 떨어지자, 기업들은 봉사활동 점수나 인턴십 경험, 기타 사회 경험과 같은 추가적인 이력과 능력들을 계속해서 요구해왔다. 이렇듯 인플레이션이 심해지자 구직자들이 넘어야 할 장벽은 점점 많아지고, 그 높이도 점점 높아지고 있다.

또한, 학력의 인플레이션은 진정한 경쟁력을 갖추지 못하게 한다. 그것을 누구보다 잘 아는 내 얘기로 시작해볼까 한다. 나는 대학을 포함하여 총 16년의 교육을 받았다. 참으로 긴 시간이다. 무엇이든 하나를 16년 동안 공부했다면 아마도 어떤 분야의 전문가가 되고도 남았을 시간이다. 하지만 그럴 수 없었다. 나는 직장을 가진 지 얼마 되지 않아 책을 붙잡고 씨름하며 그 오랜 시간 얻은 것이 별로 없다는 것을 깨달았다. 꽤나 높은 영어 성적을 받고도 외국인과의 전화 통화에 쩔쩔매어야 했고,(시험에서 들리는 발음은 실전에 비하면 듣기 쉬운 수준이다.) 대학에서 배웠던 각종 전문 지식들을 적극적으로 활용하는 경우도 거의 없었다. 이미 직장에는 여러 효율적인 방법과 그곳만의 업무 처리 시스템이 존재했고, 그 안에서 나는 또 다른 생존을 위한 공부를 밑바닥부터 해나갈 수밖에 없었다.

나와 같이 근무했던 명문대 출신의 동료들, 그중에서 석사나 박사 학위 취득자들은 무언가 특별했을까? 결코 그렇지 않았다. 오히려 다른 사람들보다 더 적응이 더디거나 소통에 문제가 많기도 했고 업무 능력이 아주 탁월하지도 않았다. 오히려 그들의 학위가 그들의 자존심을 무너뜨리는 역효과를 보여주기도 했다. 이런 경험 후에 취직을 하면 그간 학교에서 익혔던 것들이 상당 부분 초기화되며, 회사라는 조직 안에서 그에 맞는 공부를 새롭게 시작해야 한다는 것도 알 수 있다.

그럴 거면 왜 그렇게 힘들게 공부했을까? 결국 학점을 포함한 각종 점수들도 직장에 선발되기 위한 경쟁 도구의 하나일 뿐 사회에 진출해 사용하기 위한 실용적이고 필수적인 도구는 될 수 없으며, 이미 학교 교육은 세상의 변화를 따라가지 못하고 있다는 것을 말해준다.

지금은 많이 달라졌을까? 여전히 반드시 필요한 지식 습득보다는 문제 잘 푸는 기계를 만들기에 급급하고 있다는 것을 각종 매스컴과 일상, 자녀의 학교생활을 통해 접하고 있다. 현재의 교육 시스템에서 자라나는 학생들도 앞선 세대와 비슷한 과정을 겪게 될 것이 확실하다. 이처럼 표면적 경쟁력을 갖추기 위한 갖가지 '스펙 쌓기'는 진정으로 갖추어야 하는 경쟁 요소와는 거리가 멀다. 그저 맹목적으로 모

마흔, 나는 길들여지지 않기로 했다

두가 바라보는 하나의 바늘구멍을 통과하기 위한 확률을 높여주는 도구에 지나지 않는다.

앞으로도 학력의 인플레이션이 지속되어 박사 학위가 흔한 세상이 오면 과연 그들은 박사의 가치가 있는 사람으로 인정받을 것인가? 아니면 단지 허울 좋은 학위만 가진 사람으로 그칠 것인가? 그곳까지 오르도록 투자한 시간과 돈과 노력이 과연 그만큼의 가치를 발휘할 것인가? 그들이 갖게 될 학위는 과연 사회라는 야생에서 안전하게 생존해나갈 수 있도록 그들을 잘 지켜줄까?

행복 방정식은
따로 있다

그림을 그리고 있을 때 가장 행복한 한 아이가 있다. 하지만 아이의 부모는 국어, 영어, 수학을 잘하기를 바란다. 결국 아이를 설득한다.

"국어를 잘하면 그림을 그릴 수 있게 해줄게. 100점을 받으면 그림을 실컷 그릴 수 있게 해줄게."

아이는 그림을 마음껏 그리고 싶어서 부모의 요구대로 공부한다. 그리고 100점을 받는다. 약속대로 그림을 그리고 싶다고 했지만 엄마는 "수

학도 잘해야 한단다. 수학도 100점을 받으면 진짜 그림을 그릴 수 있게 해줄게."라고 아이에게 공부를 부추겼다. 아이는 너무나도 싫고 따분했지만 진짜 이번엔 꼭 그림을 그릴 수 있다는 믿음에 그림을 잠시 제쳐두고 수학 공부에 매진했고 100점을 받았다. 하지만 부모는 거기서 멈추지 않았다.

"애야, 그것만 잘해서는 남들보다 앞서 나갈 수 없단다. 자, 다른 것도 공부해보자."

"하지만 나는 그림을 그리고 싶단 말이에요. 그림을 그릴 수 있게 해주세요."

아이의 순수한 요구는 긍정의 메아리로 돌아오지 않았다. 그저 일방적인 부모의 요구 사항뿐이었다. 아이는 혼자 생각한다.

'왜 내가 하고 싶은 걸 못하게 할까? 나는 그림 그리는 것이 세상에서 제일 좋은데 왜 자꾸 재미없는 것만 시키려고 하지?'

그런 날들이 계속되자 아이는 자신이 그림을 그리지 못하는 것이 불행했다. 아이의 정신은 점점 피폐해져갔다. 불행한 날이 계속되던 어느 날 갑자기 아이가 그린 상상 속 친구들이 속삭이기 시작했다.

"이리 와봐. 이리 오면 네가 원하는 그림을 맘껏 그릴 수 있다고."

그림이 너무나도 그리고 싶었던 아이는 결국 그 속삭임을 따라갔다. 눈부신 빛이 쏟아져 들어오는 곳으로 한 걸음, 두 걸음, 세 걸음 다가갔다. 마지막 순간 눈을 질끈 감은 채, 아이는 그토록 그리고 싶었던 그림을 자유롭게 그릴 수 있는 곳으로 뛰어들었다. 결국 아이에게 일방적인 요구를 하던 부모가 아이를 마주한 곳은 아이의 방이 아닌 20층 아래의 아파트 화단이었다. 아이의 부모는 아이의 행복 방정식에서 가장 중요한 것을 빼버린 채, 행복해질 수 없는 것을 채워넣으라고 강요했을 뿐이다.

꽤나 충격적인 이야기이지만 유사한 사례를 너무 많이 접한 우리에게는 더 이상 특별하지 않다. 이야기처럼 극단적 결말까지는 아니라도 부모들의 유사한 압박은 주위에서 다른 형태로 찾아볼 수 있다.

"엄마(아빠)의 꿈은 무엇이었는데, 내가 그걸 못 했으니 너는 그렇게 되었으면 해."

"너는 어떤 사람이 되어야 해. 그러니 공부를 열심히 해서 좋은 대학에 진학해."

"공부가 힘들지만 다 네 생각해서 이러는 거야. 참고 열심히 해."

"좋은 대학을 졸업해야 잘 먹고 잘 살 수 있어."

이런 말들은 결코 아이의 행복을 위해서 하는 말이 아니다. 부모의 욕구 충족과 두려움 해소의 목적을 아이의 행복을 위하는 것으로 포장한 것뿐이다. 마치 그렇게 하지 않으면 행복한 삶을 살지 못한다는 것처럼 말이다. 하지만 아이는 아이만의 인생이 있고 아이 스스로 행복해질 권리가 있다. 결국 그런 말들은 아이가 스스로 선택할 수 있는 행복의 기회를 뺏는 것이나 마찬가지다.

미국의 심리학자인 제임스 힐먼(James Hillman) 박사는 이렇게 말했다.

"부모는 부모일 뿐 아이의 멘토가 될 수 없다. 아이들은 그저 자기 영혼의 길을 따라갈 뿐이다."

여기서 우리가 분명히 알아두어야 하는 것은 부모가 아이의 성적과 학력에 관여한다고 해서 아이가 가진 행복 방정식은 바뀌지 않는다는 것이다. 내가 경험했던 것처럼 부모의 빗나간 욕구와 두려움이 불러온 압박, 사회 분위기에 대한 길들여짐은 아이의 행복에 방해만 될 수도 있다. 이런 현상은 부모가 스스로의 행복 방정식을 잊고 살거나 혹은 자신의 행복 방정식의 정답을 아이에게서 찾으려 하기 때문이다.

'아이가 아닌 나만의 행복 방정식은 무엇인가?'라고 자문해보라. 그리고 그 방정식에 무엇이 포함되어 있는지 짚어보라. 만약 그것을 찾지 못하면 자신의 행복을 다른 곳에서 채우기 위해 계속해서 아이에게 무언가를 요구하게 될 것이다. 그리고 그 요구는 아이가 가진 행복 방정식에 미지수를 여러 개 추가함으로써 아이를 더 혼란스럽게 만드는 역효과를 불러올 뿐이다. 우리가 진정 원하는 것은 그것이 아니지 않은가?

그러므로 자신의 행복은 자신이 가진 행복 방정식에서 찾자. 더 이상 내 아이라는 이유로, 내가 부모라는 이유로 아이가 행복할 권리를 침해하지 말자. 우리의 욕심을 아이로 하여금 채우려 하지 말자. 길들

마흔, 나는 길들여지지 않기로 했다

여짐은, 우리의 행복 방정식의 정답을 스스로 찾기보다는 타인 혹은 타인과의 비교에서 찾으려 하는 치명적인 실수를 저지르도록 유도할 뿐이다.

잠깐, **읽어보자!**

만약 당신의 아이가 학교 공부에 흥미를 느끼지 못하고 성적도 그저 그렇다면, 나는 축하하고 싶다.

왜냐하면 당신의 아이가 적어도 책상 앞에 갇혀 무언가를 할 아이가 아니라는 것을 발견했기 때문이다. 이제 더 이상 "조금만 더 시키면 잘할 거야." 와 같은 희망 고문을 하지 않아도 되며, "이렇게 공부 못해서 큰일이야."와 같은 걱정을 하지 않아도 되기 때문이다. 또한 더 이상 주변에서 들리는 각종 입시 정보 따위에 관심을 갖거나 휘둘리지 않아도 되며 아이가 더 이상 성적 만능주의라는 길들여짐의 피해자가 되지 않아도 되기 때문이다.

두려움에는
끝이 없다

> "성경에는 365번이나 두려워하지 말라는 말이 있다.
> 이는 매일 두려워하지 말라는 것이다."
>
> — 미상

"두려움은 너를 죄수로 가두고, 희망은 너를 자유롭게 하리라."

영화 〈쇼생크 탈출〉을 대표하는 문구이다. 아내를 살해한 범인으로 몰려 억울하게 수감된 주인공 앤드류 듀프레인이 오랜 수감생활 끝에 결국 탈옥에 성공하고 자유로운 삶을 찾는다는 내용이다.

그는 수감되는 처음부터 탈옥에 성공하기까지 단 한 차례도 자신이 처한 상황에 두려움을 느끼지 않고, 마치 그 안에 원래 있던 사람처럼 본인의 희망 사항을 하나둘씩 이루어나간다. 돌을 연마해 조각품을 만드는 취미를 시작으로, 광장의 죄수들에게 오페라 음악을 들려주기도 하고 오래된 도서관을 확장해가기도 한다. 그곳에 있던 누구도 하지 않았던 일이었다. 그 안에서 그가 가진 것은 희망이었고, 그가 버린 것은 두려움이었다. 두려움을 버리면서 그는 그 안에서의 삶에 결코 길들여지지 않았다. 오랜 수감생활동안 이미 길들여져 불가능하다고 여기던 모두의 의심을 현실로 바꾸어놓았다. 그리고는 기적처럼 그곳을 탈출해 자신이 원하는 곳에서 원하는 일을 하면서 살아가게 된다.

앞서 잠시 언급한 바와 같이 우리가 가지고 있는 자신과 아이의 미래에 대한 두려움도 성적 만능주의가 계속되는 현재 상황에 한몫한다. 두려움이 사교육 시장을 부추기고, 두려움이 장사꾼들에게 마르지 않는 돈줄이 되며 두려움이 아이들을 책상에 가둔다. 두려움이 우리의 경제 상황을 어렵게 만들고, 두려움이 남 좋은 일에 돈을 갖다 바치게 하며 두려움이 아이들의 잠재력과 꿈을 짓밟고 있다. 결국 두려움이 낡은 교육이라는 울타리가 잘 유지되도록 영양분을 공급해주고 있는 셈이다.

그리고 두려움은 계속해서 다른 두려움을 만든다. 계속해서 돈과 시간과 노력을 낭비하게 만든다. 계속된 두려움과 걱정은 아이들의 꿈과 희망을 한정된 곳에 자꾸 가둘 뿐이다. 새장 밖의 세상이 두려워 아이들을 내보내지 않으면 아이들은 더 넓은 곳을 바라보거나 날아가보지 못하며, 평생 그 안에 갇힌 삶을 살게 된다. 그리고 당신이 모이를 줄 때만을 기다리고 있을 것이다. 잘 길들여진 채로.

그렇다. 우리가 두려움을 느낄수록 아이들이 가졌던 꿈의 형태는 점점 흐릿해진다. 우리가 두려움을 느낄수록 아이들은 마트에 가지런히 진열된 통조림과 같아질 뿐이다. 우리가 두려움을 느낄수록 아이들이 가지고 있는 고유의 개성은 사라질 것이다. 사고는 획일화되며 전 세계인과 경쟁할 수 있는 창조성과 개방성은 점점 줄어들 것이다. 비판할 줄 모르며, 쉽게 복종하고, 쉽게 포기하고, 쉽게 두려워할 것이다.

잘 생각해보면 누구에게나 미래는 불투명하다. 그럼에도 불구하고 우리는 아이들에게 무언가를 더 배우게 한다는 것으로 두려움을 조금이나마 해소하고 싶어 한다. 하지만 그것은 그저 당장의 두려움을 약간 줄이는 눈속임에 지나지 않을 뿐, 아이가 마주할 미래에 대한 막연한 두려움에는 그다지 영향을 미치지 않는다.

그러니, 그렇게 두려워할 필요가 없다. 계속되는 두려움의 굴레에 자신과 아이를 가둘 필요도 없다. 대신, 아이들이 꿈을 꾸고 희망을 갖게 해주자. 두려움이 우리와 아이의 인생 황금기를 좀먹도록 두지 말고 그것에 둔감해져야 한다.

말처럼 쉽지 않다는 것은 잘 알고 있다. 하지만 우리가 거쳐온 지난 40년을 돌아보면, 언제나 두려움은 늘 따라다녔다. 여러 상황과 과정을 경험해오면서 두려움을 이기기 위해 여러 가지 노력을 해왔다. 그런 계속된 노력에도 불구하고 미래에 대한 불안함이 그리 쉽게 사라진 적이 있던가? 하나의 두려움이 사라지면 새로운 두려움이 닥치지 않던가? 이처럼 두려움은 우리가 생을 마감할 때까지 계속해서 따라다니는 존재이다. 어차피 따라다닐 것이니 조금 덜 두려워해도 괜찮다. 그리고 막상 닥치면 생각보다 큰일은 일어나지 않는다. 두려움은 우리 스스로 만들어내는, 아직 일어나지도 않은, 혹은 일어나지도 않을 환상에 불과하다.

마흔, 나는 길들여지지 않기로 했다

잠깐, **읽어보자!**

넓은 초원에 하얀 눈이 내렸다. 자작나무 가지에 텅 빈 새장 하나가 차가운 바람을 맞으며 매달려 있었다. 그날 저녁 길 잃은 새 한 마리가 새장 안으로 날아들어 그 안에서 잠이 들었다. 새장은 나무의 정령에게 마법의 힘을 빌려달라고 간절히 빌었다. 그러자 정령이 말했다.

"그렇게 하지. 하지만 저 새가 새장을 떠나면 마법의 힘은 한순간에 사라진단다."

아침에 눈을 뜬 새는 폭신한 깃털 이불과 목욕물과 맛있는 벌레 요리가 있는 것을 보고는 깜짝 놀랐다. 새는 목욕을 하고 식사를 마쳤다. 그런 다음 숲을 돌고 오려는데 이런, 새장 문이 잠겨 있었다. 새장은 새장 밖으로 날아간 새가 돌아오지 않을까 걱정하며 자신의 품 안에서 살라며 새를 붙잡았다.

결국 새는 새장과 함께하겠다고 약속했다. 너무나도 기쁜 나머지 새장은 온 정성을 다해 새를 돌보았다. 새도 새장 안에서 풍족하고 행복한 삶을 이어갔다.

겨울이 가고 봄이 왔다. 그런데 새가 시름시름 앓기 시작했다. 따뜻한 깃털 이불과 꽃잎 목욕물도, 맛있는 벌레 요리도, 새장의 온갖 마법도 새의 병을 낫게 할 수는 없었다.

어느 날 까마귀 한 마리가 날아와 자물쇠를 부수며 새장 안의 새가 밖으로 나오도록 도왔다.

"얼른 나와, 넌 그 안에 있으면 병들어 죽어."

하지만 이번에도 새장의 간절한 부탁에 새는 머물기로 했다. 그날 밤 새의 몸은 활활 타는 난로처럼 뜨거웠고, 새장은 한잠도 자지 않고 밤새 새를 돌보았다.

마흔, 나는 길들여지지 않기로 했다

나무의 정령에게도 새를 살려달라고 부탁했지만 정령 또한 "하늘을 나는 새가 날지 못해서 생긴 병은 나도 어쩔 수 없단다." 라고 대답할 뿐이었다. 다음날, 새장은 자신의 몸을 흔들어 날 기운조차 없는 새를 억지로 새장 밖으로 떨어뜨렸다. 그러자 새의 날개가 저절로 펴지며 새는 먼 곳으로 날아가버렸다.

다시 겨울이 왔다. 마법이 풀린 새장은 여전히 춥고 외로운 채 나무에 매달려 있었다. 그러던 어느 날 그 새가 새장을 찾아와 하룻밤을 머물게 되었다.

새장은 잠든 새를 위하여 자장가를 불러주었다. 새장 문을 활짝 열어두고, 언제든 날아가고 언제든 다시 날아올 수 있도록.

— 이경혜, 이은영, 『새를 사랑한 새장』

❻ 발명가이자 사업가 조이 망가노

싱글맘인 조이는 이혼한 부모님과 할머니, 두 아이까지 떠안고 살아갔다. 낮에는 아이들을 돌보고, 밤에는 레스토랑에서 일하고, 틈나는 대로 아르바이트까지 병행했다.

어느 날 그녀는 손을 다쳐가며 깨진 포도주 잔을 치우다가, 더 쉽게 바닥을 청소할 수 있는 걸레에 대한 아이디어를 얻게 되었고, 연구 끝에 손으로 짜지 않아도 되는 대걸레를 탄생시킨다.

사업자로서 첫발을 내디뎠지만 비즈니스 세계는 냉혹했다. 어렵게 그녀가 개발한 제품을 방송에 내보냈지만 팔리지 않았다. 그녀는 기업과 투자자로부터 외면받으며, 더욱 가혹한 비즈니스 세계의 벽 앞에서 좌절한다. 기적적으로 홈쇼핑 방송에서 판매할 수 있는 기회를 얻었지만, 상품을 단 한 개도 팔지 못한 채 방송은 처참한 실패로 끝났다.

빚을 떠안고 파산 위기에 처했지만 그녀는 포기하지 않았다. 힘들게 얻은 기회 앞에서 그녀 스스로 카메라 앞에 서서 자신의 제품을 소개했고, 엄청난 성과를 거두었다. 당시 그녀의 나이 서른여섯이었다. 거기서 그치지 않고 자신만의 독창성을 발휘하여 사업을 이어나간 그녀의 이야기는 영화 〈조이〉로 만들어졌다.

그녀는 다음과 같이 말한다.

"이게 당신이 꿈꾸던 삶이 아니라는 걸 잘 알아요. 아주 어린 나이는 아니지만 그래도 꿈꿀 수 있는 나이잖아요? 그러니 희망을 가지세요."

진짜로 배워야 할 것은
따로 있다

"교육은 우리를 야수보다도 더 어리석게 만들어 놓았다.
여기저기서 수천의 목소리가 우리에게 들려오고 있는데도
우리들의 귀는 잡다한 지식으로 완전히 막혀버렸기 때문이다."

— 장 지로

나는 대학을 졸업하기도 전에 직장을 구해버려 무서울 것이 없었다.
그런 나에게 가장 처음으로 '인생은 실전'임을 실감하게 해준 것은 무엇
일까? 상사에게 잔소리를 듣거나 혼쭐이 나서도 아니었고, 전문적인 지
식이 부족해서도 아니었고, 회사에 큰 손실을 입히는 실수를 해서도 아
니었다. 남다른 내 고집과 주장으로 바이어와의 관계가 나빠져서도 아니
었다.

내게 가장 무서웠던 존재는 다름 아닌 대출과 보험이었다. 나는 대출

과 보험에 대한 무지의 대가로 많은 이자를 내며 돈을 빌려 써야 했고, 터무니없는 보험 상품에 가입하는 실수를 저질렀다. 누군가의 추천이 마치 보증서라도 되는 것처럼 너무 쉽게 믿어버린 것이 원인이었다. 시간이 지나서 내게 돌아온 것은 힘들게 번 돈을 남 좋은 일에 썼다는 후회와, 그로 인해 날려버린 다른 기회들에 대한 탄식이었다. 그리고 아내의 폭풍 같은 잔소리도 빠지지 않았다.

나에게는 잘못이 없었다. 돈을 벌기 위해 취직해야 했고 취직을 위해 공부한 것이 전부였다. 굳이 잘못이라면 그것밖에 몰랐다는 것이다. 나는 야생의 생리를 너무나도 잘 아는 하이에나들의 얄팍한 상술에 속수무책으로 당할 수밖에 없었다. 대학 졸업장과 여타 스펙으로 돈을 벌 수 있는 기회는 잡았지만, 막상 돈이 무엇이며 어떻게 쓰고 관리해야 하는지에 대해서는 아무런 지식이 없었기 때문이다.

나는 세상의 요구에 너무 쉽게 길들여진 나머지, 야생에서 살아가기 위한 그 어떤 것도 배우지 못했고 그 결과는 비참했다. 어떻게 보면 정해져 있는 결과였는지도 모른다.

이 얘기를 꺼내는 이유는 과거와 마찬가지로 현재의 교육 또한 결코 이러한 현실에 대해 잘 알려주지 않는다는 사실을 말하고 싶어서다. 앞서 말했던 내 경험이 과연 나 혼자만의 경험이었을까? 결코 아니다. 내 상사도, 친구도, 가족도 나와 마찬가지였다. 길들여져 살아온 것이 우리 모두의 발목을 잡은 셈이다. 즉 우리는 학교를 거치면서 학문적 지식과 성적과 진학과 취업을 위한 공부에만 등 떠밀렸을 뿐, 생존을 위해 현실에서 유용하게 사용해야 할 중요한 정보와 실용을 위한 공부로부터는 외면당했다. 자산을 분석하고 관리하는 법, 책을 제대로 읽는 방법, 실전 영어 회화를 위한 교재나 학습 프로그램, 돈은 무엇이며 어떻게 모으고 써야 하는지를 알려주는 도서나 각종 강연, 갖가지 마음의 상처를 치유하기 위한 모임 등 우리가 사회에 진출하고 나서야 무언가를 '제대로' 공부하게 되는 이유는 바로 거기에 있다. 길들여짐의 당연한 결과인 것이다.

직업은 어떨까? 80년대를 거쳐 90년대에 사람들이 선호하던 직업은 지금과 다르다. 계속해서 많은 직업들이 사라지고 새로운 직업들이 생겨나기를 반복한다. 최근에 생겨난 많은 직업들도 가까운 미래에 그렇게 될 것이다. 이러한 변화 속에서 교육의 현실은 그 흐름과 속도를 따라가지 못하며 과거의 틀에 여전히 정체되어 있다. 교육은 이미 미래를 바라보지 못하고 있으며, 그저 미래에 대비하는 척만 하고 있다. 이런 사실은 학교 교육 안에서의 우수함이 미래를 보장하지 않는다는 것을 말해준다. 아이들을 길들여짐의 울타리에 억지로 가두려 하지 않아야 하는 이유이기도 하다.

따라서 나는 아이들에게 현재의 교육 시스템이 요구하는 현실적이지 못하고, 실용적이지 못하고 미래지향적이지 못한 정보를 맹목적으로 익히기를 강요하기보다는, 살아가면서 생존에 필요한 각종 정보를 시기적절하게 가르쳐야 한다고 생각한다. 그 안에는 인간관계, 법과 제도, 돈은 무엇이며 왜 벌어야 하는지와 어떻게 사용하는 것이 현명한지, 내 주변에 어떠한 위험 요소들이 도사리고 있으며 어떻게 통제하고 관리해나가야 하는지와 같은 것들이 포함되어 있다. 사회라는 야생을 살아가기 위해 더해야 하는 것과 빼야 하는 것을 구분할 수 있도록 훈련시킬 필요가 있다. 교육은 학교에서 문제를 잘 푸는 법을 주입시키기보다 사회에서 잘 살아남는 법을 가르쳐야 한다.

성적이 좋다고 해서, 좋은 대학을 다니고 졸업한다고 해서 생존에 필요한 많은 정보들도 함께 알게 될 것이라 생각하는 것은 큰 착각이다. 40년이라는 세월을 살아오면서, 특히 사회에 진출한 후 진짜로 필요한 것을 배우지 못해 고생한 경험이 대부분 있을 것이다. 그런 경험을 떠올려보라.

나와 당신의 그런 경험은 학교 성적보다 더 중요하게 배워야 하는 것이 따로 있다는 것을 잘 알려주고 있다. 다수가 믿어 의심치 않는 학교 성적과 대학교의 타이틀이 아이들에게 정작 중요한 것은 가르쳐주지 않는다는 사실을 잊지 않기 바란다.

마흔, 나는 길들여지지 않기로 했다

과연
목적은 무엇인가?

"목적 없는 공부는 기억에 해가 될 뿐이며, 머릿속에 들어온 어떤 것도 간직하지 못한다."

– 레오나르도 다 빈치

여행을 떠난 젊은이가 있었다. 젊은이는 길에서 돌을 다듬고 있던 한 석공을 만났다. 그 석공은 일에 열중해 있는 것처럼 보였지만, 한편으로는 짜증이 나 있는 것처럼 보였다. 석공이 만들고 있는 것이 무엇인지 궁금했던 젊은이는 그 석공에게 물었다.

"무엇을 하고 계십니까?"

그러자 그 석공은 "돌의 형태를 다듬고 있는 중입니다. 다만 일이 너무 힘들어서 짜증이 나네요."라고 대답했다.

젊은이는 얼마 지나지 않아 또 다른 석공을 만났다. 그 석공은 이전에 만난 석공과 마찬가지로 돌을 다듬고 있었는데, 그 석공은 앞서 만난 석공과 달리 짜증 나 보이지도, 행복해 보이지도 않았다. 젊은이가 그 석공에게도 똑같은 질문을 던졌다. 그러자 그 석공은 다음과 같이 대답했다.

"집을 짓기 위해 돌을 다듬고 있는 중입니다."

젊은이는 여행을 계속했다. 얼마 지나지 않아 젊은이는 또 다른 석공을 만났는데, 그 석공은 매우 행복한 모습으로 노래를 부르며 돌을 다듬고 있었다. 젊은이는 그 이유가 궁금해 물었다.

"무엇을 하고 계십니까?"

그러자 그 석공은 미소를 지으며 다음과 같이 대답했다.

"사람들을 행복하게 할 성당을 짓고 있습니다."

〈포춘(Fortune)〉지에 실린 이 일화는 아무런 목적 없이 일을 하는 사람과 목적의식을 가지고 일을 하는 사람의 차이를 보여준다. 목적을 알면 최초의 목적을 달성하는 것은 물론, 단순히 주어진 일에 그치지 않고 더 많은 상황을 고려하는 과정이 따라오며, 보다 효과적이고 효율적이고 실용적인 방법을 창의적으로 도출하기도 한다. 무엇보다 앞의 이야기처럼 누군가를 미소 짓게 할 수도 있다. 이처럼 목적을 알고 무언가를 해나가는 것과 그렇지 않은 경우는 완전히 다른 과정과 결과를 보여준다.

성적과 졸업장도 마찬가지다. 목적 없이 그저 남들이 하니까, 남들보다 잘하기 위해서라는 이유로 따라가면 엉뚱한 결과물이 탄생할 가능성이 매우 높다. 그리고 젊은이가 처음에 만난 석공처럼 그 과정이 결코 즐겁지도, 희망차지도 않으며 자신의 처지를 비관하며 마지못해 참아내는 것에 불과하다.

대다수의 길들여진 사람들은 무덤덤하거나 짜증 난 석공과 다르지 않다. 그리고 그들도 누군가에게 목적 없이 무언가를 하라고 말하기 십상이다. 우리가 마주한 교육 현실이 그러하다. 목적 없이 그저 열심히 배우고 좋은 성적을 받으라고 한다. 그 다음에 수준에 맞는 무언가를 찾으라

173

한다. 그런 상황은 어디로 나가야 할지 모르는 미로 속에 홀로 던져진 것과 같다. 미로 바깥에 무엇이 기다리고 있는지도 모른 채 그 안에서 외로움과 두려움에 둘러싸여 힘겨운 과정을 이어간다. 그러다가 원치 않았던 그 과정에 지친 나머지 그 자리에 주저앉으면 세상은 그들을 루저라 부르고 당사자도 자신을 루저라 여기는 오류를 저지르게 된다. 힘겹게 미로 밖에 도착하더라도, 자신이 원한 것은 그것이 아니었음을 비로소 깨닫는다. 되돌리기엔 너무 많이 와버렸다는 후회도 함께 말이다.

하지만 반대라면 얘기는 달라진다. 미로 바깥에 자신을 기다리고 있는 것이 명확하다면, 미로를 빠져나가는 것이 자신의 꿈을 이루기 위한 하나의 과정이라면, 힘들고 지쳐도 꿋꿋하게 그 길을 헤쳐나가기 마련이다. 힘들지만 그 과정을 행복해할지도 모른다. 위의 상황과 반대로 실패를 두려워하지 않으며 잠시 돌아가는 것을 초조해하거나 쉽게 포기하지 않을 것이다.

명확한 목적은 이정표와 같다. 자칫 엉뚱한 길로 가는 것을 예방해주고, 비록 지름길이 아니더라도 헤매지 않고 목적지로 잘 가도록 안내해준다. 반대로 목적 없이 무언가를 해나가는 것은 이정표가 없는 지름길을 가로지르는 것과 같다. 그 길은 더 빨리 어딘가에 도착하도록 해줄 수도 있지만 처음부터 가려 했던 곳은 아닐 것이다. 당신이 지나온 길을 돌아보라. 당신은 어떤 길을 걸어왔다고 생각하는가? 다시 돌아갈 수 있다면 당신은 어떤 길을 선택하겠는가? 아이들에게는 어떤 길을 가라고 할 텐가?

길들여짐의 울타리 안에 명확한 목적은 존재하지 않는다. 그저 타인과의 비교, 그리고 울타리가 정의하는 안정적인 삶이 전부다. 그 외의 것들은 목적이 무엇이든 불안하고 위험한 것이고 잘못된 길이라 정의하기 때문이다.

PART 2 낡은 울타리들

❼ 소설가 알렉스 헤일리

알렉스 헤일리는 제2차 세계 대전이 터지자 미국 해안 경비대에 입대하여 탄약 운반선 취사실에서 근무했다. 이 시기에 그는 해상 근무의 권태로움을 달래기 위해 처음 글을 쓰기 시작한다. 서른여덟 살이 되던 1959년 20년간의 군 복무를 마친 뒤 본격적으로 글쓰기에 전념했다. 한 잡지사의 고정란을 맡아 활동하면서 말콤 엑스와 나눈 인터뷰는 그가 44세가 되던 해 책 『말콤 엑스의 자서전』으로 출간되기도 했다. 이 책은 5백만 부 이상 팔리며 알렉스 헤일리에게 작가로서의 첫 명성을 안겼다. 그는 『말콤 엑스의 자서전』 대필을 계기로 서부 아프리카 감비아의 한 마을에 대한 사실을 끈질기게 추적하게 되었다. 그리고 8년간 노력을 계속해 55살이 되던 해 두 번째 작품 『뿌리』를 완성하게 된다. 그의 작품은 세계적인 인기를 얻음과 동시에 퓰리처상까지 수상했다. 또한 TV 드라마로도 장기간 방영되어 엄청난 인기를 누렸다.

마치며

    우리가 별다른 의심 없이 길들여져온 성적 만능주의라는 울타리 안에
는 많은 허점과 위험 요소들이 존재한다. 더불어 안정적인 미래와 행복
을 보장해주지도 않는다. 나는 당신이 이런 사실을 되새기기를 바란다.
말했듯이 선택은 자유다. 지금껏 길들여져온 울타리 안에서 계속해서 그
런 삶을 살아가며 아이에게 그런 삶을 대물림하든지, 혹은 조금이라도
벗어나 자신만의 울타리를 새롭게 꾸미며 아이에게도 울타리를 세울 줄
아는 능력을 가르치든지.

    나는 후자를 택했다.

마흔, 나는 길들여지지 않기로 했다

179

PART 2 낡은 울타리들

Chapter 4

세 번째 울타리 :
잘 길들여진 군중들

———

"탁월한 인물의 특성 중 하나는 결코 자신을 다른 사람과 비교하지 않는다는 것이다.
그들은 자신을 자기 자신, 즉 자신이 과거에 이룬 성취와 미래의 기능성과만 비교한다."

– 브라이언 트레이시

be untamed

들어가며

　꼭 우리나라 사람들만의 문제라고 단정 지을 수는 없겠지만 대체로 우리나라 사람들은 남의 시선을 많이 의식한다. 그에 따라 본인의 만족, 성취감, 본인만의 의사표현보다는 남의 눈치와 시선을 우선 염두에 두고 남의 인생과 나의 인생, 남의 조건과 나의 조건 등을 비교하며 생각하고 행동하고 말하는 데 익숙하다.

　나 또한 대부분의 사람들과 다르지 않았다. 그렇지만 지난 삶을 되돌아보니 그렇게 내가 신경 써야 했던 남들의 시선이 내 인생에 그다지 도움이 되거나 중요한 전환점이 되지 못했고, 경우에 따라 불필요하기도 했다는 것을 알게 되었다. 결국 나만의 길을 개척해가는데 걸림돌이 되었던 불필요한 사고방식이었다.

그런 사고방식으로 인해 자존감이 낮아지고, 스스로 올바른 생각과 판단을 내릴 줄 모르며 매사에 우유부단하고 남의 시선을 굉장히 많이 의식하게 되었다. 내가 원하고 내가 좋고 싫음이 아닌, 타인이 원하는지 타인이 좋을지 싫을지를 우선 생각했다. 모든 기준은 나 자신이 아닌 내 주위의 비교 기준으로 여기는 누군가였다. 그 때문에 내 생각과 판단에 따른 결정이 아닌, 기준이 되는 누군가의 결정을 이유도 모른 채 무작정 따르기도 했다. 결국 내 인생을 책임져야 할 단단하고 굳건한 나는 온데간데없고 내 인생을 책임져주지도 않을 남들의 시선을 의식한 나머지 그들을 위한 삶을 살아온 것이었다.

길들여짐의 울타리를 잘 지탱해주는 마지막 요소는 그 안에 잘 길들여져 있는 군중이다. 인생에 정답은 없다. 그럼에도 정답에 가까운 삶을 살도록 훈련받고 세뇌당한 나머지, 사람들의 의식마저 그렇게 변해왔다. 자신의 생각이 다수가 말하는 정답과 다르지 않을까 눈치 보며, 혹여 대중이 원하지 않는 답을 얘기할까 봐 애매모호하게 생각을 드러낸다. 누군가 자신과 다른 생각을 말하며, 그의 생각이 더 좋은 것이라 생각하고 쉽게 따라가고 만다. 그리하여 자신만의 울타리를 찾아가려다가 다시 원래의 자리로 돌아온다. 길들여진 대중이 길들여지지 않으려는 소수에게 돌팔매질을 하며 '울타리 밖은 위험해.', '너는 틀렸어.', '평범하게 살아.'라는 논리로 계속해서 길들여진 삶을 살라고 부추기고 있는 것이다.

마흔의 동료들이여! 우리는 우리만의 삶이 있는데도 불구하고, 오늘도 누군가의 마리오네트가 되어 살아가고 있다. 하지만 이제라도 괜찮다. 가위를 들어라. 몸과 마음을 휘감고 있는 줄을 잘라내고 타인이 만들어 놓은 무대에서 이제 그만 내려올 시간이다.

훼방꾼들

잘 길들여진 훼방꾼들은 우리가 계속해서 마리오네트처럼 살도록 길들여짐의 울타리를 유지하고 싶어 한다. 그들은 우리 주위에 여러 형태로 자리잡고 있다.

가짜 가족

역설적으로, 울타리 탈출의 가장 큰 적은 다름 아닌 가족이다. 가족이라는 존재는 길들여짐을 벗어나려는 당신과의 마찰이 가장 심한 존재이다. 가족이라는 특수성이 갈등을 더 부채질한다. 가족은 가족 구성원 간의 서열을(부모 자식 사이, 형제자매 사이, 부부 사이, 기타 서열) 이용해 그들의 생각들이 곧 진리요, 법이요, 규율이라 여기도록 만든다. 그들의 의지로 누군가를 움직일 수 있고 그것을 당연하다고 여긴다. 가족이라는 울타리를 이유로 그럴 수 있다고 주장한다. 각 구성원 개인에 대한 존중보다 가족 전체의 의사, 서열 상위자의 생각이 더 중요하고 우선순위를 가진다는 믿음으로 압력을 가한다.

가짜 친구(또는 동료)

친구인 '척'하는 사람들은 나의 변화에 크게 관심도 없으면서, 나의 변화가 나 자신에게 얼마나 소중한 것인지도 모르면서 내게 의미 없는 냉소를 던지는 사람들이다. 그리고 그들은 내가 현재의 울타리를 탈출해서 전에 없던 많은 것을 누리며 자신보다 앞서 나갈까 봐 두려워하는 사람들이다. 시기와 질투를 가장한 위로와 축하를 건네며 자신의 행복과 위안으로 삼는다. 또, 진심으로 나를 격려하고 걱정해주기보다는 불확실성과 두려움을 싹트게 만들어 그 자리에 묶어두려 한다.

가짜 상사

직장 상사는 직장이라는 곳에 뿌리를 내려 그곳이 무엇보다 익숙한 사람이다. 그들은 자신이 얻은 타이틀에 자신의 뒤틀린 권한을 주입하며 그 권한을 남용한다. 그리고 권한의 사용을 제약받을 수 있는 어떠한 형태의 변화도 달가워하지 않는다. 자신이 울타리 안에서 과거에 겪은 불합리함을 지양하려 하기보다는 현재 자신의 지위를 활용해 그 불합리함을 똑같이 이용하려 한다. 길들여진 구조 안에서 받은 상처를 서열 하위자에게 풀어놓으면서 그들을 괴롭혀 자신의 과거를 보상받으려 한다.

가짜 선배

진정한 의미에서의 '선배'란 단순히 나이를 먹어서 누구나 갖게 되는 타이틀이 아닌 존경과 존중, 모범의 의미가 포함되어 있다. 하지만 '무늬만 선배인 사람들'은 일반적으로 한낱 호칭에 불과한 것에 명확한 근거가 없는 권한을 부여하고 면죄부를 가진 듯 행동한다. 인생은 그렇게 사는 게 아니라는 근거 없는 말들을 쏟아내며 자신의 생각이 가장 합리적이고 이상적이고 정답에 가깝다는 식의 주장으로 늘 상대방의 마음과는 먼 무언가를 강요한다. 생각과 선택의 기회보다는 "네 생각은 틀렸어. 어서 내 생각에 동의하고 나를 따르고 내 주장에 힘을 실어달란 말이야!"를 적절히 미화한 말들을 뱉어낸다.

스스로가 만드는 외로움과 두려움

훼방꾼들은 우리에게 두려움을 심어준다. 내 변화와 도전의 시작이 주위에서 말하는 루저의 길로 접어드는 지름길은 아닌지, 그들의 말처럼 그저 아무것도 아닌 혼자만의 발악은 아닌지, 정말 내가 희망하는 것이 이루어질 수 없는 망상인지 의심하게 만든다. 주위의 그런 훼방에서 비롯되는 외로움과 두려움은 축하와 위로와 격려를 이긴다. 행복이 주는 기쁨보다 두려움이 주는 공포가 훨씬 크고 오래 지속되기 때문이다. 그로 인한 두려움은 곧 혼자만의 세상에 갇혀 있는 것 같은 외로움마저 느끼게 한다. 힘겹게 가졌던 울타리 탈출 계획은 다시 물거품이 될 수도 있다.

이런 훼방꾼들의 공통점은 다음과 같다.

- 훼방꾼들은 내가 어떠한 변화를 추구하더라도 쉽게 응원하지 않는다. 그저 자신들이 다 옳다고 주장한다.
- 훼방꾼들은 하나같이 삼인성호(三人成虎)의 덫을 여기저기 놓아두어 울타리 탈출의 기회를 빼앗아간다.
- 훼방꾼들의 가식적인 관심은 짧게 지나가지만, 그들이 심어주는 두

려움은 금방 사라지지 않는다.

- 훼방꾼들은 내 인생을 책임져주지도 않을 거면서 내 생각을 부정하고 그들의 생각을 강요한다.

- 훼방꾼들은 길들여짐을 거부하는 이유에 대해 논리적으로 반박하지 못한다.

- 훼방꾼들은 현재 가지고 있는 그들의 권한과 그 권한을 유지시켜주는 환경이 변하는 것을 원하지 않는다.

이와 같은 훼방꾼들의 특징 때문에 긍정적 변화를 위한 당신만의 미래 설계와 도전은 늘 위협받고 있다. 따라서 진정으로 긍정적인 변화를 꾀하고 길들여지지 않으려 마음먹었다면 훼방꾼들을 경계해야 한다. 그리고 자꾸 훼방만 놓으려 하는 사람들은 합리적 이유를 근거로 설득시키거나, 그런 방법이 통하지 않는다면 거리를 두거나 관계를 끊을 필요가 있다. 그리고 무엇보다, 기존과 달라질 수 있는 그들과의 관계가 당신에게 줄 영향은 그리 크지 않다는 사실을 깨달음과 동시에 두려움을 버리고 과감해질 필요가 있다. 그들은 말 그대로 훼방꾼일 뿐이기 때문이다.

잠깐, 읽어보자!

나는 교육관 차이로 아내와 가끔 갈등을 겪었다. 비슷한 듯했지만 다른 면이 분명히 존재했다. 하지만 내가 찾은 울타리를 탈출해야 하는 이유로 인해 아내도 상당 부분 기존과 다른 가치관을 갖고 그것에 확신을 갖게 되었다. 아내도 지금은 나와 같이 성적 만능주의와 무분별한 경쟁구도를 최대한 거부하고 있다. 어찌 보면 나와 갈등하던 아내는 세상에 일정 부분 길들여져 있었고, 나에게는 가장 상대하기 힘든 훼방꾼 중에 하나였다. 하지만 지금은 뜻을 함께하는 동료가 되어 있다.

당신은 내가 아내와 갈등을 겪으며 얼마나 마음고생을 했는지 결코 알지 못한다. 그리고 지금 나와 뜻을 함께하는 아내가 얼마나 고마운지도 알지 못한다. 만약 당신도 당신 주위의 훼방꾼을 당신의 동료로 만들고 싶다면 다툼도 불사하는 노력이 필요하다. 다만, 그냥 다투기만 할 거라면 절대로 권하지 않는다. 확고하게 기존과 달리 변화하고 싶다는 의지와 이유, 그리고 무엇보다 행동이 필요하다.

있지도 않은 정답을
좇으라는 사람들

"정답, 오답이라고 나누는 것이 괴로움을 몰고 오는 것이지
우리 삶에는 그런 구분이란 애초부터 없다.
어느 길이든 정답 오답 나눌 것이 아니라 그냥 그냥 다 받아들이면 그대로 정답이다."
– 법정 스님

우리는 학교를 다니면서 정답이냐, 오답이냐를 굉장히 중요하게 여기며 살도록 암묵적으로 훈련받았다. 그 과정에서 정답을 잘 찾는 능력 또는 요령을 기르도록 교육받으며, 정답을 알면 자랑스럽고 모르면 부끄러워야 하는 것으로 길들여져왔다. 그런 논리는 어디까지나 정답이 존재하는 경우에만 적용되는 것임에도 우리는 그것을 인생에까지 대입하는 실수를 저질러 왔다.

선배 세대 또한 우리를 그렇게 실수하도록 떠밀었다. 그 안에서 우리는 그들이 원하는 방법을 따르지 않으면 실패한 인생을 살

마흔, 나는 길들여지지 않기로 했다

게 되며, 정답이라고 여겨지는 방법을 따라야 성공한 인생을 살 수 있다는 논리에 오래도록 길들여져왔다. 그들이 말하는 성공한 삶에 도달하기 위한 과정을 겪으며, 인생이라는 문제에 대해 있지도 않은 정답을 찾기 위해 안간힘을 써 왔다.

그 안에서의 모습은 어땠는가? 자신이 다른 누구보다 조금이라도 뒤처진다고 생각하면 위기감을 느껴야 한다고 배웠다. 마치 그것이 인생을 불행의 나락으로 떨어지게 할까봐 걱정하는 것이 당연한 듯 배워왔다. 누구나 정답이 정해진 듯한 길을 가는데, 자신은 그렇지 못하다는 것에 불안감을 느끼며, 인생의 낙오자가 되지 않을까 걱정해왔다.

갈 수 있는 길이 많음에도 불구하고 성공이냐, 실패냐로 나뉜 갈래길 중 하나를 택하기를 강요받았다. 동시에 남들보다 빠른 길을 가도록 등 떠밀렸다. 그 안에서 우리만의 장점과 스스로를 행복으로 이끄는 요소가 따로 있음에도 불구하고 그 길을 지향하는 것은 한눈파는 것으로 외면당했으며, 다수가 말하는 올바른 길로 가기를 다시금 강요받았다. 자신의 장점을 발견하고 그로 인해 자부심을 느끼고 그것을 더 키워나가면 행복할 수 있을 것이라는 믿음보다는, 겉으로 드러나는 것으로만 개개인의 가치를 평가 받았다.

이런 이유로, 나는 정답이라 정해진 길을 가도록 강요하는 사회적 분위기가 많은 사람들이 상대적 열등감을 가지게 된 치명적인 요소 중 하나라고 생각한다.

'학교 성적이 좋지 않으니 남들보다 좋은 대학에 못 갈 것이고, 남들이 좋다고 하는 기업에 취직할 가능성은 떨어질 테고, 그러면 내 인생은 불행하겠지?'

'누구는 성적도 좋고 배경도 좋으니 행복하게 인생을 살겠지? 그렇지 못한 나는 불행한 인생을 살겠구나.'

'변변찮은 대학을 졸업한 내가 좋은 기업에 취업할 수는 없겠지? 나를 원하는 곳이 과연 존재할까?'

'나의 이런 생각이 무시당하면 어떻게 하지?'

'내가 사는 집과 내가 입는 옷과 내가 타는 자동차 때문에 무시당하는 건 아닐까?'

'내 꿈은 이게 아니었는데….'

이미 삶의 목표와 기준은 자기 자신이 아닌 주위의 누군가가 되어버렸다. 단지 남들에게 잘 보이려고, 남들에게 무시당하지 않으려고, 무리에서 이탈되지 않으려고, 남들보다 뛰어나려고 애쓰는 삶이 전부가 되어버렸다. 더불어 남의 인생을 쉽게 정의하고 도전을 방해하는 냉소주의도 크게 작용한다.

"네가 그거 해서 뭐 하게?"
"에이, 넌 안 된다니까!"
"네 주제에…."
"공부도 못하는 녀석이 무슨…."
"그건 돈 많은 사람들이나 하는 거야."
"그게 가능하면 다 부자겠다."

이러한 냉소주의는 상대방이 자신보다 잘되는 것을 방해하고자 하는 열등 심리와 시기와 질투에서 비롯된다. 오랜 기간 길들여져 살아오며 스스로의 긍정적인 변화를 위해 도전해본 적 없는 사람들이 하는 말이다. 그들이 가진 불필요한 걱정과 두려움, 긍정적인 변화보다는 현재 상황에 머무르는 데 초점을 둔 부정적 생각을 심어주려 하는 것에 불과하다. 의외로 학교나 직장을 비롯한 특정 집단 안에서 우리는 그런 경우를 어렵지 않게 접하며, 그로 인해 자신이 품었던 꿈이나 도전의 불씨를 꺼뜨리기도 한다. 나아가, 우리가 스스로 보고자 하는 우리 자신의 모습과 가치에 대하여 제대로 살펴볼 수 있는 기회를 잃기도 한다.

하지만 잘 생각해보자. 우리에게 정답을 강요하거나 냉소를 퍼붓는 사람들이 우리 인생을 떠받들거나 책임져주는가? 그들의 말을 따른다고, 혹은 그들의 말을 거절한다고 해서 우리의 인생이 행복해지거나 혹은 불행해지는가? 달라지는 것은 아무것도 없다.

처음으로 돌아가보자. 애초에 인생에는 정답이나 오답이 존재하지 않는다. 그런데 많은 사람들은 아직 그것이 존재하는 것으로 착각하며 살아간다. 인생은 우리가 학교에서 배웠던 수학 문제와는 다르다. 정해진 과정도 없고, 정해진 답도 없으며, 점수를 매길 수도 없다. 과정과 정답과 점수는 오직 나 자신만이 정의할 수 있는 것이다. 다른 사람들이 당신 인생의 정답과 점수를 논하는 것 자체가 주제넘은 짓이다. 그렇기에, 있지도 않은 정답을 찾으라며 등 떠밀고 강요하는 다수의 길들여진 사람들의 생각은 가볍게 무시해도 좋다. 어차피, 그 누구도 당신의 인생에 정답을 제시하지 못할뿐더러 당신의 인생을 책임질 수도 없기 때문이다.

마흔, 나는 길들여지지 않기로 했다

비교하기 바쁜 삶을 사는
사람들

"우리가 항상 어떤 것이나 어떤 사람과 비교하는 것이 갈등의 가장 큰 원인이다."

– 탈무드

마찬가지로, 지나친 경쟁 교육에서 자라난 덕에 많은 사람들은 남들과
의 비교에 길들여져 있다.

"누가 고급 승용차를 가진 것이 부러워. 나는 언제쯤….."

"누구의 배우자는 이러저러하다던데 내 배우자는….."

"누구는 어떤 집에 산다던데 나는….."

"누구는 모 대기업에 다닌다고 하던데 나는….."

"누구는 얼굴도 예쁘고 몸매도 좋던데 나는….."

"옆집 누구는 이렇다던데 너는 왜 그러니?"

"세상에서 내가 제일 불쌍하구나. 나 빼고 다 행복해 보이는구나."

심각한 일이든, 가벼운 일이든 버릇이 되어버린 비교는 과연 우리에게 무엇을 줄까? 결론부터 말하면 비교는 대부분 부정적이고 비교하는 그 순간부터 자신을 비참하게 만들 뿐이다.

살아오면서 특정 대상과 비교하면서 그 대상을 부러워했던 경우가 있을 것이다. 그러면서 잠시라도 자신의 처지를 비하해보았을 것이다. 하지만 그렇게 비교한 이후 당신의 삶이나 비교 대상의 삶에 변화가 있었는가? 누군가와의 비교가 삶의 큰 전환점이 되었는가? 비교가 자극이 되어 당신이 새로운 목표를 세우고 열심히 달려갔거나 달려가고 있는 중인가? 그렇다면 축하한다. 그리고 당신의 도전과 변화를 응원한다. 하지만 안타깝게도 그렇지 못한 경우가 훨씬 많다.

자신을 남들과 비교하는 것은 살다 보면 있을 수 있는 일이다. 하지만 자신의 처지를 비관하고 살아가는 환경을 탓하며 스스로를 공격하게 만드는 부정적 비교는 아무런 도움이 되지 않는다. 그렇게 해서 나아진 게 무엇인가? 지나고 보면 괜히 스스로를 학대한 꼴밖에 되지 않는다.

마흔, 나는 길들여지지 않기로 했다

잠시 내 얘기를 해보자면, 나는 성장하는 과정 내내 남들과 비교하는 것이 버릇이었다. 넉넉지 못한 경제적인 환경이 부끄러웠고, 그로 인해 수반되는 물질적인 결핍과 함께 생계에 급급해 충분히 사랑해주지 못하신 부모님으로부터의 감정 결핍까지, 나는 그 모든 것들을 남들과 비교하며 내 처지를 비관했다. 그러다 보니 어느새인가 나 자신이 너무나 초라하다는 생각에까지 이르렀다. 어린 나이에 자살까지 떠올려보았을 정도로 정신적으로 굉장히 피폐해져 있었다. 성장기에 가졌던 그런 마음가짐이 나를 오랫동안 부정적인 사람으로 살게 했으며, 성인이 되어서도 쉽게 변하지 않았다.

'누구누구는 좋은 대학을 갔네. 부럽다. 좋겠다. 나는 이 모양인데….'

'부잣집에서 부족한 것 없이 자라서 좋겠다. 부럽다. 나는 이 모양인데….'

'좋은 차를 몰고 다녀 좋겠다. 부럽다. 나는 아직 뚜벅이 신세를 면하지 못했는데….'

'연봉도 많고 더 편하게 일하고 사네. 좋겠다. 나는 이 모양인데….'

'부유한 집 배우자와 결혼해서 큰 어려움 없이 살아가네. 부럽다. 나는 이 모양인데….'

늘 비교에 젖어 있었다. 그러다 보니, 나에게 좋은 일이 일어나거나 사람들이 나의 장점을 높게 평가해주어도 그다지 와닿지 않았다. 오히려 '사람들이 뭘 몰라서 그러는구나. 내 처지는 이렇게 초라한데…'라는 부정적인 생각만이 쌓여갔다. 무슨 일이던 그 끝에는 상대방보다 못하다는 부정적인 비교가 따랐다. 꽤나 심각했다. 더욱이, 목표로 하는 누군가와 비슷한 환경에 놓이면 이내 그보다 더 높은 수준의 누군가와 나를 비교 선상에 놓기 시작했다. 그게 친한 친구이든, 오랫동안 호흡을 맞추었던 동료든 구분하지 않았다.

비교에서 빠지지 않는 것이 삶의 속도였다. '누군가는 저만치 달아나 자신의 길을 빠르게 가고 있는데 나는 언제쯤 따라잡지?', '나는 아직까지 해놓은 것도 없는데 앞으로 어떻게 하지?', '그래도 내 주위의 누구누구는 아직 나보다 뒤처져 있으니 괜찮아.', '조금만 더 하면 누군가를 따라잡을 수 있어.'와 같은 생각들로 내 삶의 속도를 누군가와 비교했다. 그 과정에서 나 자신을 못난 사람으로 취급하며 불안해하거나, 내 기준으로 나보다 못한 사람을 끌어와 안도하며 내 삶의 속도를 합리화하기도 했다.

때로는 가족이나 친구들로부터 원치 않는 비교를 당하며 나라는 사람

마흔, 나는 길들여지지 않기로 했다

의 가치를 땅속으로 파묻어야 했다. 비교 대상이 되는 누군가보다 뛰어나지 않고 싶어 그런 것도 아니었고, 그들보다 못한 환경에서 살고 싶어 그런 것도 아니었고, 그들보다 앞서 나가고 싶지 않아서 그런 것도 아니었음에도 말이다.

자의든 타의든 비교에는 끝이 없었다. 하지만 정작 나의 비교 대상이 되는 사람들은 내 비교에는 아랑곳하지 않고 그들의 삶을 잘 살아가고 있었다. 나에게는 그게 더 비참하게 다가왔다.

'어서 빨리 저들을 따라잡자. 어떻게 하면 좋을까? 아, 왜 나는 이렇게 살아서 저들처럼 살지 못할까? 이게 다 내 탓이야. 이게 다 부모님 탓이야. 이게 다 무엇 때문이야. 이번 생은 글렀어.' 나 혼자 비참해지고, 나 혼자 슬퍼하고, 나 혼자 괴로워했다. 비교는 내 감정과 자존감을 냄새나는 하수구 안으로 처박아 넣을 뿐이었다.

남들과 비교하는 습관이 내게 하나 더 심어준 것은 바로 '척'하는 것이다. 사람은 살면서 다양한 경험을 하지만 모든 것을 다 해볼 수는 없다. 그리고 나이가 들어간다고 해서 알게 되는 것이 반드시 많은 것도 아니다. 사람마다 처음 경험하는 시점이나 그 횟수나 다양성이나 깊이는 제각각일 수밖에 없다. 하지만 비교에 길들여져 있는 나는 그렇지 못했다. 자연스레 '척'이 입 밖으로 나왔다. 해본 척, 가본 척, 먹어본 척, 아는 척으로 "나는 아웃사이더가 아니야."라는 것을 애써 강조했다. 그런 내 모습은 속이 비어 있는 '공갈빵'에 지나지 않았다. 나중에서야 알게 되었지만 '척'하는 것은 내가 얼마나 나약하고 비겁하고 대중들에게 잘 길들여져 왔는지를 나타내는 '척도'에 불과했다.

이처럼 내 인생에서 비교를 통해 얻은 것이라고는 아무것도 없었다. 오히려 내 자신이 아닌 남을 쳐다보느라 소중한 내 감정에 쉽게 지워지지 않는 상처만 남길 뿐이었다.

길들여짐의 울타리에서 학습한 불필요한 '비교' 때문에, 오늘도 우리는 스스로를 잃고 남의 삶의 속도에 맞추려 애쓰며, 그들에게 뒤처지지는 않을까 곁눈질을 해가면서 자신의 트랙이 아닌 남의 트랙을 보면서 살아간다. 그리고 의도하지 않은 남들과의 비교로 인해 불필요하게 마음의 상처를 입으며, 누군가에게 같은 상처를 주고 있다.

단순히 우리만의 문제가 아니다. 아이들도 자신이 갈 길을 무시당한 채 비교의 트랙 위에 억지로 줄을 서서 세상이 요구하는 어딘지 모를 종착지를 향해 무작정 나아가고 있다. 동시에 자꾸만 빨리 앞서 나가라고 등 떠밀리고 있다. 이대로 세상에 길들여지도록 내버려둔다면, 아이들도 비교에 익숙해질 것이다. 그들도 비교의 굴레에 갇혀 누군가의 마음에 상처를 남기고, 자신의 마음에 잊지 못할 상처를 새기게 되며, 가장 높게 평가해야 할 자신을 가장 낮게 평가하며 스스로를 낮은 가치를 가진 사람으로 정의할 것이다.

오늘 당신이 어땠는지 돌아보라. 누군가와 비교하며 당신의 가치를 낮추지는 않았는지, 당신의 말 한마디로 당신의 배우자나 자녀들, 함께 일하는 동료들이 그렇게 느끼도록 만들지는 않았는지, 어떤 형태의 비교도 하지 않았더라면 그들이 굳이 느끼지 않아도 되었을 감정을 느끼게 할 필요가 있었는지, 과연 비교를 통해 당신과 주변 사람들이 얻은 것은 무엇인지.

❽ 치어리더 로라 비크매니스

영양사인 그녀는 점차 피부엔 주름이 늘고 허리엔 살이 붙는 것도 모른 채 살았다. 그러던 어느 날 남편이 젊은 여자와 바람이 나 떠난 뒤에야 인생을 바꿔야겠다고 결심한다. 그때 그녀는 서른아홉 살이었다.

어느 날 미식축구 경기에서 치어리더를 본 그녀의 동생이 그녀에게 치어리더 오디션을 권유해 지원했지만 실패한다. 하지만 "강도 높은 훈련은 내게 젊음을 주며, 새로운 삶을 살게 하는 가치 있는 일"이라며 마음을 다잡은 그녀는 포기하지 않고 연습해 마침내 치어리더 팀에 들어가게 된다. 자신보다 스무 살은 어린 소녀들을 물리치고 미국 스포츠 사상 최고령 치어리더가 된 그녀는 3년 만에 인생역전에 성공한다. 그녀의 나이 마흔 둘이었다.

10대 딸을 둔 그녀는 "나는 나 스스로 아이들에게 어떤 나이든, 무슨 꿈이든 상관없이 정말 열심히 하면 이룰 수 있다는 것을 보여주는 롤 모델이라고 생각한다."고 말한다. 또한 자신과 같은 중년 여성들에게 "자신의 삶은 스스로 지켜야 한다."라고 말해주고 싶다고 한다.

마흔, 나는 길들여지지 않기로 했다

205

PART 2 낡은 울타리들

나이의 이정표를 지키며
살라는 사람들

"평범하게 살라는 말은 남들이 만들어 놓은 무대 위에서
그들의 지시대로 살아가라는 말이다."
– 글쓴이

방송인 김제동은 자신이 진행하는 TV 프로그램에서 방청객과 이런 대화를 나누었다.

"무엇이 고민이세요?"

"저는 스물두 살인데 아직 꿈이 없거든요. 주위에서 하도 꿈이 없어 걱정이겠다고 말해서 고민이에요. 막상 저는 괜찮은데 말이죠."

"맞습니다. 그 나이에 꿈이 없다는 게 뭐 잘못된 건가요? 없을 수도 있죠. 꿈은 찾아가는 거니까 그렇게 생각하지 않으셔도 괜찮습니다."

그 방청객의 고민에 김제동은 그다지 고민할 일이 아니라는 대답으로 방청객들의 박수를 받았다. 나도 그의 대답에 공감했다. 반드시 무언가를 해야 하는 나이란 없기 때문이다.

사실 나이에 대한 편견은 이 대화에만 국한된 것이 아니다. 우리는 나이에 대한 잘못된 생각을 가지고 있다. 사람들은 으레 특정 나이가 되면 무언가를 해야 하는 것으로 생각한다.

"그 나이 먹도록 뭐 했어."

"이제 나이도 찼는데 결혼해야지?"

"그 정도 나이 되었으니 이제 슬슬 다른 걸 준비해야지?"

"그럴 나이는 지났잖아?"

"나잇값 좀 해."

"네 나이를 생각해봐."

"이 나이에 뭘….."

이와 같이 일상에서 종종 듣곤 하는 말들로 말이다. 그래서 나이에 맞는 무언가를 하지 않는 주변 사람들을 보면 아주 당연한 것처럼 걱정을 하거나, 자신이 그 대상이면 조바심을 갖거나 두려워한다. 대표적인 것이 스무 살이되면 대학을 다녀야 하고, 30대가 되기 전에 직장을 가져야 하고, 그 후 수년 안에 결혼을 해야 한다는 생각이다. 사람들 대부분은 세상이 정해놓은 '나이의 이정표'를 따라가지 않으면 무언가 잘못된 것이라 여기도록 길들여져 있다. 그 결과, 자신도 모르게 타인에게 그런 잣대를 들이밀기도 한다. 그 안에 길들여져 있는 우리도 '나이의 이정표'를 지켜야 한다는 착각에 스스로의 목을 조르는 실수를 저지르고 있다.

유교가 싸질러 놓은 배설물에서 비롯된 이러한 편견은 서서히 무너지고 있다. 그렇지만 아직도 우리 삶에서 중요한 규율로 작용하고 있는 것이 사실이다. 다양성과 개인 선택의 권리를 무시하고 울타리가 정의한 나이에 대한 불분명한 기준을 지키도록 일방적으로 요구받고 있다.

"스무 살이 넘어도 꿈이 없다는 것? 김제동의 대답처럼 없으면 서서히 찾아가면 되는 것 아닌가? 취직? 그거 좀 늦게 하면 완전히 인생을 망치는 것인가? 반대로 내가 누군가를 고용해 나만의 사업을 하는 것은 안 되는 것인가? 특정 나이 즈음에 반드시 결혼을 해야만 하는 것인가? 하지 않으면 어떻게 되는가? 결혼을 했으니 반드시 아이를 낳아야 한다고? 그

마흔, 나는 길들여지지 않기로 했다

것도 특정 나이가 되기 전에? 내 자식을 대신 키워줄 것도 아니면서 왜 그렇게 강요하는 것일까? 나이에 맞게 옷을 입고 나이에 맞게 차를 타고 다니라고? 나이가 뭐라고 그래야 하는 거지?"

이렇게 생각해보면 나이의 이정표는 반드시 따라야 하는 것도 아니며, 따른다고 해서 우리를 행복으로 이끄는 길잡이가 되는 것도 아니다. 잘 길들여진 사람들은 그런 강요와 압박이 그들의 인생에 별다른 영향을 주지 않는데도 마치 무언가 잘못되었다는 듯한 시선으로 괜한 관심을 가진다. '그 정도 나이면 그럴 것이다.' 혹은 '그 나이면 마땅히 그래야 해.'라는 길들여짐의 울타리에서 당연하게 여기는 잣대를 들이밀면서 말이다.

다시 말하지만 강제할 수 있는 것은 아무것도 없다. 하지만 잘 길들여진 사람들은 다 그럴만한 이유가 있는 것이라고 말한다. 그런데 정작 그럴싸한 이유를 얘기하는 이들이 몇이나 되던가?

울타리가 세워둔 나이의 이정표를 따라가는 것을 당연하게 생각하는 사람들은 계속해서 그 길을 따라가면 된다. 하지만 따라가기 싫은 사람은? 그 사람들은 죄인인가? 누군가에게 싫은 소리를 듣거나 주변 사람들에게 손가락질을 받거나 험담의 대상이 되어야 하는가? 결국 그들도 단순히 길들여진 삶을 살아왔을 뿐이고, 그 공식에 맞추어 사람들을 길들이려 하는 것뿐이다.

길들여짐을 거부하면 "힘들게 살지 말고 남들처럼 평범하게 살아."라는 말을 듣게 된다. 나는 개인적으로 그 말을 '꿩!장!히!' 싫어한다. 마치 남들처럼 살지 않으면 고생하고, 힘들고, 큰일이 일어나고, 불행해진다고 들리기 때문이다. 하지만 그렇지 않다. 그리고 평범하게 사는 것이 자신이 원하는 삶을 산다는 것을 뜻하지도 않는다. 오히려 개인이 추구하는 것이 아닌 대중이 원하는 삶을 '흉내 내며' 살라는 말에 지나지 않는다.

나는 그 말에 길들여져 살아오는 동안 내 꿈을 포기해야 했고, 남들이 말하는 적절한 나이에 대학을 졸업하고 적절한 나이에 취직을 하고 적절한 나이에 결혼하고 적절한 나이에 아이를 낳았다. 하지만 그런 과정이 내게 희망찬 매일을 보내는 행복한 삶을 선물해 주지만은 않았다. 그리고 내가 내 의지로 나만의 미래를 꿈꿀 수 있도록 만들어주지도 않았다. 그들이 정의하는 행복이 없지는 않았지만, 그렇다고 내가 원하는 삶과 내가 원하는 행복이 반드시 따라오는 것은 아니었다. 오히려 원치 않는 삶에서 탈출하고 싶은 욕구를 더 강하게 심어주었을 뿐이다.

세상 어디에도 무조건 지켜야만 하는 나이의 이정표 따위는 없다. 그리고 대중이 말하는 이정표를 따라야 할 필요도 없다. 내 삶의 이정표는 나만 정할 수 있는 것이어야 한다. 그래야 각 개인이 자유의지로 만든 자신만의 무대 위에서 자신이 원하는 노래를 부르고 춤출 수 있기 때문이다.

실패를 피하도록
가르치는 사람들

"실패란 성공의 반대가 아니라 성공의 한 부분이다. 진정한 실패는 시도하지 않는 것이다."
– 아리아나 허핑턴

우리는 자신의 성적을 비관하여 스스로 목숨을 끊었다는 뉴스에 더 이상 놀라지 않는다. 그만큼 현재의 교육문화와 거기에서 비롯된 극단적 결과에 무덤덤해졌다는 것의 반증이기도 하다. 나는 그들이 죽음이라는 극단적인 방법을 택한 이유가 입시 위주의 교육 풍토와 정답 아니면 오답이라는 성적 만능주의 문화의 복합적 작용이라고 생각한다. 그리고 실패가 무엇인지 제대로 가르치지 않는 것도 분명히 원인을 제공한다고 믿는다. 또, 굳이 실패라 여기지 않아도 될 것을 실패로 여기도록 길들인다는 것도 하나의 원인이라 할 수 있다.

사실 한 순간의 실패는 전체 인생의 일부에 지나지 않으며, 평생 소중한 재산이 될 수도 있다. 그리고 더 나은 미래를 위해 반드시 필요한 것이기도 하다. 그리고 실패는 식사 중에 음식을 흘릴 수도 있는 것과 같이 흔하디흔한 일이기도 하다. 그럼에도 불구하고 많은 사람들은 가급적 실패를 회피하도록 길들여졌다. 더 안타까운 점은 우리 손에서 자라나는 아이들마저 그렇게 길들여지고 있다는 것이다. 넘어지고 다치고를 반복하며 스스로 딛고 일어날 수 있게 가르치기보다는 양육이라는 명분을 앞세워 그러한 능력을 키울 기회조차 주지 않으려 한다. 낚싯대를 쥐어주는 대신 물고기를 잡아주려 하고, 숟가락을 쥐어주는 대신 밥을 떠먹여주고, 친구의 기준을 스스로 세우게 하는 대신 사귀는 친구를 정해주고, 아이의 잘못을 반성하고 사과하는 법을 가르치는 대신 부모가 덮어주려 하고, 이외에도 아이들 세계에 부모가 개입하려 한다.

그러면 당장 아이에게 실패는 없다. 하지만 동시에 아이는 실패가 무엇인지 알지 못한다. 불행하게도 나중에 마주할 실패를 대처할 능력이 없는 상태로 그간 겪지 못했던 엄청난 충격과 좌절을 마주할 것이다. 이 과정에서 아이의 인생은 없다. 아이의 인생을 조종하려는 부모만 남아 있다. 그것이 실패하지 않는 삶을 살아야 한다고 길들여진 우리의 모습이기도 하다. 아이들도 그렇게 실패를 피하도록 길들여져간다.

아주 당연하게도 모든 일에는 실패할 확률과 성공할 확률, 만족과 불만족이 함께 존재한다. 그 말은 주변인들이 말하는 성공하기 위한 길을 따르더라도 그 안에는 여전히 실패할 확률, 결과에 대해 불만족스러울 확률이 남아 있다는 말이다. 따라서 어떤 일에 대한 막연한 실패가 두려워 무작정 무언가를 피하려는 것은, 실패와 불만족이 가져다줄 수 있는 고통과 좌절로부터 멀어지도록 해준다. 하지만 동시에, 우리가 항상 품고 있어야 할 무언가에 대한 희망과 도전의식과 함께 그 뒤에 따라올 교훈과 성공과 행복도 함께 회피하도록 만든다.

길들여짐의 울타리 안에서는 실패를 더 나은 미래를 위한 도약이 아닌, 그만두어야 할 무엇이라 가르친다. 실패할 겨를이 없다고 가르친다. 실패하는 순간, 경쟁자들보다 저 멀리 뒤처지게 된다고 가르친다. 실패는 앞으로 나아갈 수 있는 원동력임에도 또 다른 실패를 피하기 위해 그만두어야 하는 것이라 가르친다. 그들의 말대로 실패를 피하기 위한 길만을 택하면 정말로 덜 위험하고 덜 불안한 삶을 살 수 있는 것일까?

마흔, 나는 길들여지지 않기로 했다

현재 우리는 어떤가? 과연 울타리 안에서 실패를 피하라던 사람들의 말대로 고통은 적고 안정감 넘치는 삶이 계속되고 앞으로도 그럴 것 같은가? 아니면 그럼에도 불구하고 불안정하고 고통스러운 삶이 계속될 것 같은가? 한 가지 확실한 것은 어떠한 시점이나 형태로든 실패는 반드시 일어난다는 것이다.

개인적으로 나는 이 책이 대중의 관심을 그다지 많이 끌지 못할 수도 있을 거라는 생각을 하면서도 남들 자는 시간에 일어나 손가락을 분주하게 움직이고 있다. 수십여 군데 원고 투고가 무시당할 수도 있다는 생각을 하면서도 포기하지 않을 작정이다.(결국, 이렇게 출간되고야 말았지만!)

설령 내 목표가 이루어지지 않더라도 어떻게든 많은 사람들에게 생각을 공유하고 긍정적 변화의 신호를 보낼 것이다. 나는 그것을 실패로 여기지 않을 것이기 때문이다. 그 끝에는 성취감과 뿌듯함과 행복이 기다리고 있다는 것을 알기 때문이다. 그리고 나의 이런 경험은 나를 보다 나은 내일로 안내할 것이고, 더 단단한 내면을 가진 사람으로 바꾸어줄 것이라 믿기 때문이다. 그것을 실패라 단정 짓고 포기한다면 나는 다른 무언가를 해도 같은 마음가짐에서 벗어나지 못하며 지금과 다르지 않은 삶을 이어갈 것이 분명하기 때문이다. 나는 그렇게 살기 싫다. 그래서 지금의 도전이 성공하지 못하더라도 실패라 여기지 않을 작정이다.

우리는 우리 스스로의 인생에 대해 세상이 세워놓은 기준을 무조건 따르지 않아도 되며, 그 기준에 맞추어 실패했다고 결론짓지 않아도 된다. 세상 사람들이 말하는 실패는 스스로 정의하는 실패와 다를 수도 있다. 아니, 달라야 한다. 실패는 스스로 정하는 것이다. 당신 인생의 목표는 당신이 정하며, 결과 자체도 당신이 정의하는 것이어야 한다. 스스로 인생을 정의하고 책임지기보다 남들에게 인생을 맡기며 그들에게 평가받으며 사는 것은, 세상을 가장 어리석게 살아보려 자신의 인생을 내팽개치는 것과 다름없다.

또, 실패는 부끄러워하거나 피해야 할 것이 아니다. 정작 부끄러워야 하는 것은 실패를 무조건 두려워하거나 피하기에 급급하며, 과거의 실패를 잊고 같은 실패를 반복하도록 내버려두는 것이다. 성장하지 않고 그 자리에 머물러 있으면서 계속해서 길들여지려는 것과 마찬가지다.

세계적으로 명성을 떨치고 커다란 부를 이룬 유명인의 일화를 보며 우

마흔, 나는 길들여지지 않기로 했다

리는 자조 섞인 말로 "에이, 그건 그 사람이 특별하니까 그렇게 된 거지."라고 말하곤 한다. 하지만 사실 그들도 우리와 다르지 않았다. 다만 그들은 실패를 두려워하지 않았다. 타인이 규정하는 실패를 피하기 위한 방법에 동참하지 않고 그들만의 도전을 이어갔다. 그 과정에서 실패를 밑거름으로 삼았다. 아니, 그들은 실패라는 단어를 지우고 살았을지도 모른다. 너무나 당연한 것이라 생각했을지도 모른다. 그들은 실패의 두려움을 회피하지 않고, 실패라 단정 짓지 않고, 자신의 행복과 마주하고 가치를 실현하기 위해 무언가를 시작했다.

에디슨은 전구를 발명한 것으로 유명하지만 사실 전구를 발명하기 위해 애쓴 사람은 많았다고 한다. 하지만 그가 전구 발명가를 대표하는 이유는 다른 경쟁자들이 거듭되는 실패 끝에 포기한 것과 달리 그는 실패를 실패로 생각하지 않았기 때문이다. 그는 단순히 '전구가 되지 않는 만 가지 방법을 알아낸 것'으로 생각했을 뿐이다. 남들이 세워놓은 기준에 길들여지지 않은 것이 그를 그렇게 만든 것이다.

플라톤의 '동굴의 비유'에는 동굴 벽에 비치는 그림자의 진짜 모습과 동굴 밖의 모습을 알게 되는 죄수가 등장한다. 그는 여전히 동굴 안에 묶여 있는 다른 죄수들에게 진실을 알려주지만 죄수들은 그가 눈이 먼 것이라 단정 짓고 만다. 만약 그가 쇠사슬에 묶인 다른 죄수들처럼 그림자의 진실을 의심하지 않았더라면 어떻게 되었을까? 여전히 묶여 있는 죄수들이 말하는 실패를 그도 똑같이 피하려고만 했다면 어떻게 되었을까? 그들이 만들어내는 두려움을 그가 이겨내지 못했다면, 과연 아무도 몰랐던 그림자의 진실을 알 수 있었을까? 동굴 밖의 진짜 세상을 알 수 있었을까? 그가 힘겹게 동굴 안으로 다시 들어가 두려움만 갖고 있던 죄수들에게 그림자의 진짜 모습과 희망과 도전을 얘기할 수 있었을까? 그마저 길들여진 사람으로 남았더라면, 진실은 영원히 동굴 벽에만 머물렀을 것이다. 어쩌면 우리는, 동굴 안에 묶여 있는 죄수들과 같은 삶을 살고 있는지도 모른다.

❾ 집카(Zipcar)와 버즈카(Buzzcar)의 창립자 로빈 체이스

세 아이의 엄마이자 40대 초반의 평범한 가정주부였던 로빈 체이스. 어느 날 아이 친구의 엄마가 독일 여행 중 사용한 편리한 렌터카 서비스에 대해 듣고 카 셰어링(Car Sharing) 사업 아이디어를 떠올린다.

이후 전문가의 조언과 지인의 투자를 받아 자동차 4대를 구매했다. 그 뒤로도 70만 달러, 200만 달러, 400만 달러를 투자받았고 그 결과 더 많은 가입자와 공유차량을 확보할 수 있었다.

그 결과 세계 최대 카 셰어링 기업 집카(Zipcar)와 버즈카(Buzzcar)의 창립자가 된 그녀는 공유경제의 선구자로 기억되고 있다.

마치며

지금까지 길들여짐의 울타리를 구성하는 요소들을 살펴보았다. 그리고 울타리 안의 길들여진 삶이 우리에게 어떠한 것들을 주는지도 알아보았다. 나는 이런 여러 가지 이유들로 이곳에 남아 괴로워하며 또 누군가를 길들여가며 괴롭히기 싫었다. 그래서 길들여짐을 거부하고, 나만의 새로운 울타리를 만들기로 했다. 그리고 조금씩 나만의 울타리를 세워나가고 있다. 가위만 들고 언젠가 잘라야지 생각했지만, 이제 나를 묶어 두고 조종하던 줄을 하나씩 잘라나가고 있다. 군중이 세워놓은 울타리에서 벗어날 시간이 멀지 않았다.

221

PART 2 낡은 울타리들

222

마흔, 나는 길들여지지 않기로 했다

223

PART 3

나는 길들여지지
않기로 했다

Chapter 5

나만의 울타리를
세우다

———

"이미 존재하는 현실과 싸운다고 변화를 일으킬 수는 없다.

무언가를 변화시키기 위해서는

기존의 모델을 구식으로 만들 수 있는 새로운 모델을 만들어라."

– 버크민스터 풀러

be untamed

들어가며

나는 오랫동안 길들여져온 울타리를 벗어나기 위해 더 이상 기다릴 수 없었다. 변화를 꾀하며 접한 시대를 관통해온 수많은 명언들과 유명 인사들의 주옥 같은 한마디 한마디를 그냥 글로만 남겨두지 않고 어떤 것이든 해야 했다. 그래서 나는 할 수 있는 것부터 실행해 나갔고, 지금도 실행하고 있다. 나의 생각을 어떻게 실행하고 있는지, 생각을 실천으로 옮기기 위해 어떤 것을 했는지, 그것이 내게 어떤 긍정적인 변화를 주고 있는지 공유하려 한다. 나아가 당신도 당신을 비롯한 주변의 환경을 냉철하게 진단해보고, 상황에 맞는 방법을 고민해보기 바란다.

울타리
탈출하기

"그 앞에서 움츠러들지 않고 대담하게 뚫고 나갈 결심을 굳힌다면
우리를 가로막는 장애물은 대부분 사라질 것이다."

– 오리슨 스웨트 마든

길들여짐의 울타리는 당신이 순순히 그곳을 벗어나도록 내버려두지 않는다. 울타리를 지키고 서 있는 훼방꾼들을 물리치고, 그들이 내뱉는 그럴싸한 허튼소리들을 잘 이겨내야만 그곳에서 자유로워질 수 있다. 그동안 당신을 힘들게 했던 당신 주위의 훼방꾼들에 대해 파악하거나 새롭게 정의하고 그들을 물리칠 수 있는 전략을 세울 필요가 있다.

훼방꾼 물리치기

잘 길들여진 훼방꾼들은 항상 우리와 함께 살아간다. 울타리를 탈출하

마흔, 나는 길들여지지 않기로 했다

기 위해서는 그들을 잘 물리쳐야 한다. 나는 그들을 일부 물리쳤고, 아직도 일부와는 싸우고 있는 중이다. 직장 상사의 이유 없는 지시에는 저항했다. 선배 행세를 하는 이들과는 인연을 끊었으며, 일방적 요구를 하는 가족과도 단단한 벽을 쳤다.

무엇보다 나는 그들이 내게 심어둔 두려움을 떨쳐버렸다. 내 삶에 필요한 존재인 것은 맞지만 그들과의 관계가 멀어진다거나 관계를 끊는다고 해서 내 삶이 송두리째 망가지는 것은 아니기 때문이다. 오히려 훼방꾼들이 내가 가고자 하는 길을 가로막고 방해하는 것에서 자유로워질 수있다. 그들을 물리쳐야 비로소 내가 판단하고 정의하는 나만의 삶을 살아갈 수 있다. 좋은 게 좋은 것이라는 생각으로 훼방꾼들과의 관계를 어떻게든 이어가려는 노력은 당신에게 어설픈 기대를 갖게 하고, 당신의 기대만큼 움직여주지 않는 그들로 인해 혼자 상처 받기 십상이다.

사실 말처럼 쉽지 않다는 것을 잘 안다. 하지만 계속해서 당신의 의지가 무너지고 끌려가는 삶을 살 수는 없지 않은가? 커다란 변화를 위해서 결단과 실행은 불가피하다. 그리고 처음이 어렵지 두 번은 어렵지 않다. "그래도 상사인데….""그래도 친구인데….""그래도 선배인데….""그래도 가족인데…" 이런 관계의 올가미는 때로 우리를 울타리에 가두고 더 괴롭게만 만들 뿐이다. 단어가 주는 관계성보다, 관계의 진정성이 더 중요하다. 진정성이 느껴지지 않고 당신을 괴롭히는 훼방꾼들을 과감히 물리쳐야 울타리에서 벗어날 수 있다.

'왜?'라는 마법의 질문

앞서 내가 직장에서 길들여지지 않은 사람으로 거듭나는 과정을 소개하면서 언급한 '왜?'라는 물음을 기억하는가? 길들여짐을 거부하면서 찾아낸 '왜?'라는 물음은 생각보다 강력한 힘을 갖고 있다. 나는 그 힘을 빌려 비로소 직장에서 나만의 울타리를 세울 수 있었으며, 지금까지 내가 써 내려온 여러 이유를 찾아낼 수 있었다. '왜?'라는 질문은 기존과 다른 내 가치관과 정체성을 세울 수 있게 도와준 물음이기도 하다. 게다가 상대의 의도를 파악하고, 자신의 권리와 의무를 다시 한 번 확인하고 적절이 판단하여 그에 따른 주장을 할 수 있도록 도와준다. 일의 목적을 분명히 할 수 있게 해주고, 상대가 숨겨둔 꼼수나 감언이설의 덫에 쉽게 걸리지 않도록 스스로 보호할 수도 있다. 누군가의 일방적 요구에 저항하여 나를 지킬 수 있고, 상대를 설득하는 데 강력한 무기로 활용할 수도 있다.

마흔, 나는 길들여지지 않기로 했다

이처럼, '왜?'라는 질문은 단순해 보이지만 결코 단순하지 않다. 다음의 몇 가지 예문을 살펴보자.

"결혼은 당연히 해야 하고, 아이도 반드시 가져야 하는 거야."

"좋은 대학 못 가면 먹고살기 힘들어. 그러니 당연히 가야 하는 거야."

"무슨 남자(여자)가 그것도 못하냐?"

"당연히 막내가 해야지."

"아, 그냥 시키는 대로 해."

훼방꾼들의 입을 통해 들을 수 있는 말들의 공통점은 다음과 같다.

- 근거가 부족하다.
- 선택이 아닌 강요의 도구로 사용된다.
- 자율성과 다양성을 부정한다.
- 일방적이며, 상대에 대한 존중이 부족하다.
- 발전적 변화를 막는다.
- 폐쇄적이다.
- 엉뚱한 결과를 초래한다.

• 무언가 아주 당연하다는 것으로 여긴다.

길들여짐의 울타리가 전제하는 '너무나 당연하다.'라고 인식되는 생각들은 다음과 같이 '왜?'라는 질문으로 '너무나 당연한 것은 아니다.'라고 반박할 수 있다.

"결혼은 당연히 해야 하고, 아이도 반드시 가져야 하는 거야."

왜? 나는 혼자가 좋은데? 그게 나쁜 건가?

"좋은 대학 못 가면 먹고살기 힘들어. 그러니 당연히 가야 하는 거야."

왜 꼭 좋은 대학을 가야 하나? 내가 하고 싶은 공부를 하면 되지 않나?

"무슨 남자(여자)가 그것도 못하냐?"

왜? 남자(여자)는 꼭 그걸 할 수 있어야 하나? 그건 도대체 누가 무슨 기준으로 정해놓은 거지?

"당연히 막내가 해야지."

왜 당연히 막내가 해야 하는 거지? 그냥 각자가 하면 공평하지 않나?

"아, 그냥 시키는 대로 해."

더 쉽게 할 수 있는 다른 방법이 있는데 왜 그렇게 해야 하지? 이유도 없이 뭘 그렇게 자꾸 하라고 하지?

이처럼, 훼방꾼들이 내뱉는 허튼소리에 '왜?'라고 반문해보면 사실 그래야 할 분명한 이유가 있지 않다는 것을 알 수 있다. 바로 그 물음이, 훼방꾼들의 허튼소리에 저항하고 그들을 물리치는 시작이 된다. 반드시 상대의 기를 죽일 만큼 강렬한 톤(Tone)일 필요는 없다. 이미 그 물음 자체로 훼방꾼들의 머릿속에 굳어져 있는 '당연하다.' 또는 '지금껏 그래 왔으니까.' '원래 그런 거니까.' '너무나도 당연하니까.'와 같은 생각들은 공격을 받게 되고, 무너지기 시작한다.

그전에 당신 스스로 "왜 꼭 그래야 할까?"라고 먼저 의문을 품어보면, 지금까지 생각해오고, 들어오고, 당연하다고 여겨왔던 많은 것이 사실은 그렇지 않은 경우가 많다는 것을 알 수 있다. 다만 그동안 우리가 순순히 길들여져 의문을 품을 필요조차 느끼지 못했을 뿐이다. 우리는 우리를 가두어놓고 괴롭히는 많은 것들에 '왜?'라고 의문을 품어야 한다. 그래야 울타리 문을 지키고 서 있는 훼방꾼들을 무장해제시킬 수 있기 때문이다. 그래야 당신이 그곳을 빠져나올 수 있기 때문이다. 그것이 당신만의 새로운 울타리를 세울 수 있는 시작이기 때문이다. '왜?'는 그것을 도와주는 마법의 질문이다.

무의미한 경쟁에서
눈을 돌리다

"교육의 목적은 기계를 만드는 것이 아니라,

인간을 만드는 데 있다."

– 장 자크 루소

사실 두 번째 울타리에서 조목조목 짚어본 이유들을 모두 정리한 후에 내 아이에 대한 교육관이 자리 잡은 것은 아니다. 언젠가부터 16년을 교육받은 내가 그 기간만큼의 능력을 갖고 있지 못하고, 학교에서의 가르침이 세상을 보다 수월하게 살아가도록 도와주지 못한다는 사실을 알게 된 후부터 의심을 가지게 되었다. 더불어, 과도한 경쟁과 그 경쟁에 목적을 잃고 불나방처럼 뛰어드는 주위 사람들이 도무지 이해되지 않는 것도 한몫했다.

약간은 막연했던 내 교육관은 이 책을 쓰는 과정에서 접한 다양한 자료와 전문가들의 의견을 통해 더욱 확고해졌다. 그리고 실제로 초등학교를 다니는 내 아이의 생활에서 접한 상황들이 지금의 내 교육관을 뒷받침하고 있다. 또한, 주변에서 들리는 지인들의 체험담은 울타리에 잘 길들여져 있는 모습으로밖에 보이지 않았다. 그래서 나는 똑같이 길들여지는 부모가 되기를 거부하고, 내 아이가 똑같이 길들여지지 않아도 되는 다른 울타리를 찾아 떠나거나 새로운 울타리를 만들려고 마음먹었다. 이유는 앞서 모두 설명했지만 한 번 더 강조해볼까 한다.

첫째, 아이들은 사교육의 좋은 먹잇감이 되어 있다. 경쟁 구도와 그 구도에서 갈팡질팡하는 부모에 의해 아무것도 모른 채 책상 앞에 갇혀 눈물을 글썽이며 시간을 빼앗기고 있다.

둘째, 아이들의 꿈이 짓밟히고 있다. 행복해지는 무언가를 하지 못하도록 막는 울타리에 길들여진 사람들로 인해 그저 공부를 잘하는 아이, 못하는 아이로 구분 지어지고 있다. 아이들의 다양성은 무시되며, 세상이 정해놓은 등급에 맞게 이마에 도장을 찍히고 있는 것에 불과하다.

셋째, 정작 필요한 것을 배울 기회를 잃고 있다. 제각각 다른 다양성이 존중받지 못하고 획일화된다. 일회성에 지나지 않는 시험문제를 잘 푸는 요령과 정답 찾기에만 길들여지고 있다. 아이들의 잠재력과 창의성과 자립성이 매몰되고 있다.

넷째, 대학입시와 대학 타이틀이 인생을 좌우하는 시기는 머지않아 사라진다. 거기에 목메면서 시간과 돈을 낭비할 이유가 없다. 그 시간에 다양한 경험과 실용적 정보, 실전에서 생존력을 키우는 것이 더욱더 중요하다.

다섯째, 행복해지는 길에 정도는 없다. 각자 다른 삶속에서 느끼는 행복은 다를 수밖에 없음에도 무의미한 교육경쟁은 아이들이 각자의 행복으로 향하는 길을 잃어버리고 방황하게 만든다.

이런 이유로 나는 몇 가지 구체적인 목표를 세웠다.

- 목적이 분명하지 않은 상태로 아이를 무작정 성적 만능주의에 밀어넣지 않는다. 아이가 중학생이 되기 전에 언 스쿨링(Un-schooling) 환경을 마련하고, 필요하면 검정고시와 같은 제도를 활용하여 학력을 인정받는다.
- 무분별한 경쟁과 비교로 아이 스스로 무의미한 승리와 패배의식에 길들여져 불필요한 우열감을 갖지 않도록 한다. 순간의 우열감에 젖어 미래를 밝거나 어두운 것으로 단정 짓지 않도록 한다. 그리고 누

군가의 삶에 성공이나 실패를 감히 정의하지 않도록 한다. 그 안에서 누군가의 등급을 올려주기 위한 도구로 이용되거나 이용하지 않게 한다. 비교로 얼룩진 울타리 안에서 남을 바라보며 살지 않도록 한다. 남들과의 비교가 아닌, 오롯이 자신의 잠재력을 발굴하고 꿈을 찾아 주도적인 삶을 살도록 도와준다.

- 아이가 꿈을 이루거나 전문적인 지식 습득을 위해 필요한 경우를 제외하고 대학은 무작정 보내지 않는다. 대학 졸업장은 더 이상 무언가를 대표할 수 있는 것이 아닌 세상으로 바뀌어가고 있다. 허울에 그칠 졸업장을 취득하기 위해 소중한 시간과 자원들을 낭비하지 않도록 한다. 넓은 세상을 두고 좁은 공간에 갇혀 다양성을 배울 기회를 빼앗지 않는다. 그 시간에 본인에게 정말 필요한 것을 배우도록 이끌어준다. 만약 아이가 대학에 가고자 하는 이유가 명확하고 합리적일 경우 그 의사를 존중한다.

- 안정적인 인생은 어디에도 없다는 사실과 함께 사회라는 야생에서 살아남는 방법을 가르친다. 해답을 제시하기보다는 스스로 생각하고 경험함으로써 과정과 결과의 소중함을 충분히 이해하도록 돕는다. 그것을 바탕으로 스스로 살아남는 방법을 터득하도록 기회를 준다.

- 아이와 함께 전 세계를 여행하거나 혹은 아이 혼자서 여행하도록 한다. 다양한 문화, 환경, 역사적 배경, 사람들을 접하면서 자신만의 다양한 경험을 할 수 있는 기회를 제공한다. 그 과정에서 자신만의 독립적인 가치관을 형성할 수 있도록 한다.
- 무엇이 되라는 요구는 하지 않는다. 무엇이 되고 싶은 것은 오직 아이의 권리이다. 하고 싶은 일, 갖고 싶은 직업을 갖는 권리를 오롯이 아이의 선택에 맡긴다. 자신의 선택이 어떠한 과정과 결과로 이어지는지를 스스로 알 수 있도록 한다. 간섭이 아닌 조언으로, 강요가 아닌 선택의 기회를 제공한다.

이런 목표를 세운 후 나는 마음이 한결 편해졌다. 남들보다 멀리 앞서 나가거나 뒤처지지 말라고 얘기하지 않아도 되며, 학교 수업을 따라잡거나 좋은 성적을 받게 하려고 남들 다 보낸다는 학원에 보내지 않아도 된다. 그리고 앞으로도 그럴 생각이 없다. 어린 나이부터 뚜렷한 목적도 없이 무작정 무언가를 머릿속에 집어넣기를 강요하고, 억지로 그것을 받아들여야 하는 무게감을 아이에게 주지 않아도 되기 때문이다. 사실 이런 계획과 목표가 얼마나 잘 이루어질지는 모르겠다. 하지만 길들여짐의 울타리에 아이를 가둬두지 않겠다는 나의 확고한 의지는, 분명히 아이 스스로 행복할 가능성을 높여줄 것이라는 사실을 의심하지 않는다. 그래서 두렵지 않다.

내가 세운 목표를 다 달성하지는 못했지만 아이를 무분별한 경쟁 구도에 내몰지 않도록 도와준 몇 가지 주문이 있다. 많은 온·오프라인 친구들이 내게 영감을 주었고, 나의 생각을 더욱더 확고히 하도록 도와주었다. 그리고 내 아이에게 자주 말한다.

공부는 삶을 조금 더 편하게 살도록 도와주는 것

공부는 내 삶을 조금 더 편리하게 해준다. 그리고 때로는 자신을 지키는 힘이 되기도 한다. 지금 당장 필요치도 않은 무언가를 열심히 공부한다고 해서 무작정 도움이 되는 것이 아니다. 오히려 그다지 도움이 되지 않는 과도한 학습은 머릿속에 오래 남지도 않을뿐더러 혼란을 줄 뿐이다. 일례로 나는 고등학생 시절에 독일어를 공부했지만 기억에 남는 것은 고작 아침인사 정도뿐이다. 게다가 살면서 도움이 된 적은 단 한 번도 없었다. 하지만 필요에 의해 스스로 공부한 일본어는 10년이 훌쩍 지난 지금도 내 머릿속에 남아 있다. 시험을 잘 치르기 위해 문제를 풀어가면서 연습할 필요도 없었고, 당연히 나쁜 성적을 받게 될까 봐 긴장하거나 걱정하지 않아도 되었다. 성적에 연연할 필요가 전혀 없었기 때문이다. 단지 나는 내가 마주한 불편함을 줄이기 위해 나만의 방법으로 공부했을 뿐이다. 살면서 내가 불편한 그 시점에 내가 원해서 한 공부는 아직까지도 재산으로 남아 있다. 진정한 공부란 그런 것이고, 그런 것이어야 한다.

지금 몰라도 괜찮다

지금 당장 남들이 다 아는 것을 모른다고 해서 조바심을 낼 필요는 없다. 남들이 다 아는 시점에 모른다는 것은 고작 시험 성적을 조금 못 받는 것에 불과하다. 또한 잠시 불편한 것에 불과하다. 다만 스스로가 어떠한 목적 달성을 위해 반드시 알아야 하는 시점이 오면 그때는 제대로 공부해야 한다. 그러면 오래도록 기억에 남고 진정한 재산이 된다.

모르는 건 부끄러운 게 아니라 앞으로 알아갈 게 더 많다는 뜻

누구나 모르는 것이 있기 마련이다. 모르는 것은 알아가면 그만이다. 그 정도의 차이가 부끄럽고 그렇지 않고를 결정짓는 기준은 되지 못한다. 오히려 모르는 것을 부끄럽다고 여기면서 아는 '척'하는 것과 순간의 '척'이 거짓이 아니었음을 증명하기 위해 남몰래 그럴싸한 거짓 시나리오를 쓰느라 고민하는 것이 진짜 부끄러운 것이다.

학교 성적이 좋지 않다는 것은 세상의 많은 것들 중 일부를 모른다는 것

살면서 필요한 정보는 무수히 많다. 모든 것을 알 수는 없는 노릇이다. 학교 성적이 좋지 않다는 것은 살면서 알아야 하는 많은 것들 중 몇 가지를 모른다는 것일 뿐이다. 성적이 좋지 않은 것을 실패로 여기거나 뒤처진다고 여기거나 슬퍼해야 할 필요는 없다. 세상 모든 사람들이 그러하듯 그저 많은 것들 중 하나를 못하는 것에 지나지 않는다. 그리고 단지 학업에 소질이 없는 것이지 실패한 인생을 사는 것이 아니다. 아직 학교 밖 세상이 우리에게 줄 수 있는 많은 것들을 모른다는 것에는 변함이 없다. 그중에 자신을 행복하게 만드는 무언가가 반드시 존재한다. 그리고 앞으로 찾아가면 된다.

남들을 쫓아가기 위한 공부는 하지 않는 것만 못한 것

남들을 쫓아가기 위한 공부는 아무것도 주지 못한다. 새로운 것이나 필요한 것을 학습해서 활용하기 위함이 아닌 경쟁 상대보다 좋은 등급을 받기 위한 것에 지나지 않는다. 쫓아가기 위한 공부는 결국 그 표면적 목적은 달성할 수 있겠지만 사실상 그것 외에 얻는 것은 없다. 학교에서의

마흔, 나는 길들여지지 않기로 했다

평가와 무관하게 알고 싶거나 알아야 하는 것이 있다면 공부해야 하며 그것이야말로 진짜 공부다.

누군가는 이 주문들을 보고 현실을 잘 모른다고 고개를 젓거나 혀를 찰 수도 있다. 하지만 누가 뭐라 해도 나는 이 주문들을 믿는다. 이 주문들이야말로 남들과 비교하는 무의미한 경쟁에서 벗어나 스스로와 경쟁하고 스스로와의 싸움에서 이길 수 있도록 도와준다고 믿기 때문이다. 또한 세상의 길들여짐을 거부하고 진정한 아이 자신만의 울타리가 생기도록 돕는 방법이라 믿기 때문이다. 혹시 당신도 나처럼 당신만의 주문을 갖고 있는가? 아직 아무런 주문이 없어도 문제 될 것은 없다. 지금이라도 늦지 않았다. 당신을 위해, 그리고 당신의 사랑스러운 아이를 위해 당신만의 주문을 만들어보라. 그것은 당신과 당신의 아이를 이끄는 든든한 길잡이가 될 것이며 세상의 요구에 일방적으로 길들여지지 않도록 당신과 아이를 지켜주는 든든한 호위무사가 될 것이다.

마흔, 나는 길들여지지 않기로 했다

245

PART 3 나는 길들여지지 않기로 했다

유교의 배설물을
치워나가다

> "관습에 얽매이는 것은
> 발을 묶어두고 등산을 하겠다는 것과 다를 바 없다."
> – 레프 톨스토이

산 사람이 먼저다

맏며느리인 내 어머니는 결혼과 동시에 집안의 차례와 제사를 도맡으셨다. 연중 특정한 날이 다가오면 항상 분주했고 그로 인한 육체적·경제적 부담도 적지 않았다. 늘 새벽에 시골로 이동해서 하루 종일 음식 준비에 여념이 없으셨다. 그러기를 20년, 할머니가 시골을 떠나면서 가지고 오신 것 중에는 제사와 차례도 포함되어 있었다. 다른 친인척 누구 하나 나서서 도와주거나 부담을 덜 수 있도록 지원하지 않았다. 고스란히 어머니의 몫이 되어 버렸다. 어머니는 무척 힘들어하셨지만 그것이 숙명

마흔, 나는 길들여지지 않기로 했다

인 듯 덤덤하게 받아들이셨다. 죽은 조상 때문에 아무 관계도 없는 살아 있는 며느리가 죽을 지경에 이르렀던 것이다. 내가 20대 초반이던 어느 날, 어머니는 내게 하소연하며 눈물을 흘리셨다. 그제야 꾹꾹 눌러온 마음속 감정들을 털어놓으셨다. 어머니의 정신적 육체적 고충, 경제적 부담, 가족과 친인척 간의 갈등이 주된 내용이었다.

그날 이후 나는 집안의 중대사를 과감히 없애기로 결심하고 소위 집안을 뒤흔들어놓았다. 내 행동에 대한 어머니의 표정과 목소리는 마치 큰 죄를 짓는 듯한 두려움으로 가득 차 있었다. 반드시 지켜야 하는 전통을 거부하는 것이기에 있을 수 없는 일로 생각하셨을 것이다. 실제로 나를 비롯한 부모님께 쏟아지는 친척들의 시선과 태도는 곱지 않았다. 관계에 균열이 더 크게 생겼으며, 험담과 손가락질이 계속되었다.

하지만 비난과 질책은 그리 오래가지 않았다. 오히려 그 이후 약 20년 동안 우리 가족이 누린 것은 낡은 전통이 주었던 육체적, 심적, 경제적 부담으로부터의 자유와 주위의 부러움과 칭찬이다. 기존의 울타리를 과감히 탈출한 것에 대한 보상이었다. 그제야 산 사람이 제대로 살 수 있었다.

그 일이 있고 난 후 약 20년 동안 사회 분위기는 제사와 차례를 줄이거나 그만두는 것으로 변해왔고 지금은 많은 사람들에게 더 이상 이상할 일이 아닌 것으로 인식되고 있다. 이 사건으로 내가 분명하게 확인한 것은 불합리한 전통과 문화와 통념과 관습은 반드시 깨져야 한다는 것이며, 빠르면 빠를수록 좋다는 것이다. 그리고 그곳에서 과감하게 빠져나오는 것에는 길들여진 사람들의 비난과 손가락질이 따르지만 그것마저 감수할 수 있는 큰 보상이 따른다는 것이다.

이처럼 하나의 오래된 전통, 문화, 통념에서 자유롭기란 마치 금기를 깨는 것과 같이 불안함과 두려움을 안겨줄 수 있다. 냉정한 주위의 반응, 타인의 손가락질, 외로움, 후회와 미련이 따라올 수 있다. 하지만 만약 울타리에서 뛰쳐나오는 것이 합리적이고 현실적이거나, 스스로를 괴롭히는 감옥에서 탈출할 수 있게 해주는 것이라면 부정적 요소들은 그리 오래가지 않는다. 이내 그 안에서 벗어나는 것이 하나의 새로운 문화로 변해갈 것이며 사람들도 하나 둘 그곳에서 빠져나오려 할 것이다. 그러한 변화는 숨기거나 무시하거나 부끄러워할 필요가 없는 것이다.

옛것에서 새로운 것을 배울 필요도 있지만 버릴 것은 과감히 버려야 한다. '언젠가는 한 번쯤 쓰겠지' 하고 집안 어딘가에 보관해 둔 오래된 물건이 과연 자주 사용되던가? 우리는 수백 년간 우리의 몸과 마음을 지배해온 유교의 배설물들을 다시 들여다보아야 하고, 그 안에 갇혀 스스로와 타인을 괴롭히는 길들여짐의 울타리에서 얼른 빠져나와야 한다.

인사는 드리고 받는 것이 아니라, 같이 하는 것이다

14년 차 직장인이 되다 보니 연배나 직위가 낮은 사람들이 훨씬 많아졌다. 그 긴 시간 동안 서열주의의 울타리에서 자라온 나도 여느 사람들과 다르지 않았다. 아랫사람이 당연히 먼저 인사하고, 윗사람은 인사를 받는다는 불문율을 전혀 이상하게 생각하지 않았다. 하지만 내가 첫 번째 울타리에서 설명한 이유들로 인해 그건 공평하지 않다는 결론에 이르렀다. 누구나 공평하게 나이를 먹는다. 따라서 나이는 특정 사람만 가진 보이지 않는 벼슬이 아니다. 나이는 지혜로움과 포용과 조화로움과 책임감을 갖추라는, 시간이 우리에게 주는 책무이다. 누구나 나이를 먹지만 누구나 나이에 비례해서 존경받는 것은 아니다.

마찬가지로 어떤 조직에서의 직위는 능력과 책임을 대변하는 것이다. 직위가 높아질수록 더 난이도가 있는 일을 수행해야 하고 그에 맞는 권한과 책임이 부여되는 것이며, 그 보상으로 보수를 받는 것이다. 그것은 결코 자신보다 낮은 지위에 있는 사람들에게 근거 없는 일방적인 요구를 하거나 인격적으로 하대할 수 있는 특권이 아니다. 그들이 잘못되었다는 시선으로 바라보아야 할 일이 아니다.

이런 이유로 나는 나이와 지위를 떠나 함께하는 동료들의 의견을 최대한 존중해주고 있다. 최대한 경청하고, 최대한 동료 직원들과의 합의를 위해 노력하고 있다. 위아래의 개념보다 그저 역할이 다른, 상호 존중받아야 하는 존재로 인식하고 있다. 그 결과 직원들의 자유롭고 당당한 의사표현과 자율적이고 책임감 있는 노력을 요하는 환경을 함께 만들었고, 강요받거나 제한받지 않는 분위기에서 함께 일하고 있다.

이런 생각들이 자리잡고 난 후, 나는 직위의 높고 낮음, 나이의 많고 적음과 무관하게 먼저 인사하거나 함께 인사한다. 나의 의중이 상대에게 온전히 전달되는지 여부는 중요치 않다. 어찌 되었든 그들은 나와 인사를 주고받는 그 순간만큼은 자신이 하대받는다고 느끼지 않을 것이기 때문이다. 조금 더 나아가 그들이 존중받고 있다는 것을 느끼기 바라고, 그들이 느낀 자그마한 존중이 우리를 길들여온 서열주의의 울타리에 조금씩 균열을 만들어나가기를 바라기 때문이다.

마흔, 나는 길들여지지 않기로 했다

나이와 직위는 '서열주의 랜드'에서 자동으로 지급되는 자유 이용권이 아니다. 그래서 나는 나이가 더 많다고, 직위가 더 높다고 상대를 함부로 대하지 않는다. 먼저 존중받으려 하기보다는 상대를 먼저 존중하려 할 때, 비로소 그 자격이 생기는 것이라 믿기 때문이다.

이런 이유로 나는 당신에게도 나이와 지위와 관계의 상하를 떠나 먼저 인사해보라고 권하고 싶다. 굳이 인사가 아니더라도 다른 어떤 방식으로든 자신을 '서열 하위자'라고 여기는 사람들에게 먼저 존중을 표현해보라고 권하고 싶다. 그러면, 그간 상대방에게 받지 못했던 진심 어린 존중을 받게 될 것이다. 동시에, 원래 누려 마땅한 것을 누리지 못한다는 억울함이 주는 '갑을 마인드'에서도 벗어날 수 있을 것이다. 반드시!

허락되지 않은 권한을 버리다

회식을 대표하는 메뉴 앞에서 집게와 가위를 들고 바삐 움직이는 사람은 대부분의 관계에서 '막내'라 불리는 나이 또는 직위가 가장 낮은 사람이다. 서열 상위자들이 편히 먹도록 고기 굽기에 집중하고, 게다가 술을 권하면 들고 있던 도구를 내려두고 양손으로 공손하게 술잔을 들어야 하고, 고개를 돌려 '원샷'을 해야 한다. 혹여나 상사의 눈에 차지 않는다면 따가운 눈총을 받거나 잔소리를 듣기도 한다. 나도 그런 경험이 더러 있어 막내의 태생적 부담이 얼마나 고충인지 잘 안다.

그런 일반적 문화와 달리, 나는 직위나 나이의 위아래 할 것 없이 그 역할을 자처한다. 막내들의 고충을 이해하는 것은 둘째 치더라도 서열주의가 만들어놓은 '당연한 일'이 너무나도 꼴 보기 싫었기 때문이다. 그리고 부끄러웠기 때문이다. 따지고 보면, 내가 가지고 있는 나이와 직위는 내게 그런 권한을 부여하지 않았다. 그래서 나이나 직위가 억지로 만들어놓은 그 체계에 대해 저항하고 싶었고 사람들의 인식을 바꾸어놓고 싶었다. 어떠한 형태의 막내이든, 그들만이 그렇게 바삐 움직여야 하고 나머지 사람들이 그들의 노력이 들어간 음식을 당연한 듯 입에 집어넣는다는 그 자체로 이미 차별이다. 길들여짐의 울타리가 정의해 놓은 암묵적인 규칙인 셈이다.

처음에는 나의 그런 행동에 여러 사람이 불편해했다. 마치 그들이 나에게 죄를 지은 것처럼 안절부절못하는 모습이었다. 또 누군가는 그것을 보고 있는 '막내들'을 나무라기도 했다. 하지만 나는 고집을 부렸고, 서

마흔, 나는 길들여지지 않기로 했다

서히 '같이 고기 굽는 상사'가 되어갔다. 시간이 지나자 내가 주도한 방법은 회식 문화를 바꾸어놓았다. 내가 분주히 움직이는 것은 더 이상 이상하지 않은 일이 되었으며, 누가 시작하든 다른 누군가가 이어받으며 조금씩 일을 분담한다. 서툰 사람이 있으면 함께 도와주기도 한다. 동료 직원들 사이에서 자꾸만 서열 하위자의 덕목이라 정해진 울타리에 갇히지 말라는, 서열 상위자에게 암묵적으로 부여된 권한을 당연시 여기지 말라는, 울타리를 깨고 싶은 아주 사소한 변화의 결과인 셈이다.

비단 회식 문화뿐만 아니라, 나는 그들에게 '마땅히 그래야 하는 것'에 대한 이유는 없다고 말한다. 기존의 문화에 길들여진 그들이 앞으로 어떤 문화를 만들어갈지는 미지수이지만 단 한 명이라도 긍정적이고 합리적인 변화에 동참해주기를 원하기 때문이다. 그들이 당연시 여겼던 서열주의가 만들어낸 차별이 당연하지 않다는 인식이 더 많이 퍼져나가기를 바라고 있다. 내가 그들에게 진정으로 주고 싶었던 것은 상사가 구웠기 때문에 특별한 고기가 아니다. 서열주의 안에 가려져 있던, 처음부터 그들도 함께 누렸어야 마땅한 평등과 존중이다. 그리고 그것이 정상이라고 생각할 줄 아는 인식의 전환이다.

평등과 존중은 특정 조직의 분위기와 성과 면에서도 크게 영향을 준다. 마윈의 얘기로 시작해보자. 알리바바의 창업주인 마윈은 사실 컴맹이었다. 하지만 그는 훌륭한 인재를 채용하여 그들의 의견을 충분히 존중해주고 반영하여 자신의 회사를 세계적인 기업으로 성장시킬 수 있었다. 그는 자신이 채용한 직원들에게 일절의 간섭이나 일방적 지시를 하지 않았으며 존중과 격려로 그들을 이끌었다. 직원들은 그의 존중에서 신뢰를 가졌고 그들의 역량을 잘 발휘할 수 있었다. 결국 상호 존중과, 존중에서 비롯된 올바른 소통이 이루어질 수 있는 구조를 만들어 그 결실을 맺은 것이다. 만약 그가 창업주라는 이유로 직원들을 존중하지 않았다면 알리바바는 과연 어떻게 되었을까? 컴맹인 그는 지금 어떤 사람이 되어 있을까?

나는 마윈에게 고용된 적이 있는 직원은 아니지만 그가 추구했던 방법을 직접 실천해 보았기에 그 문화가 주는 힘은 잘 알고 있다. 동료 직원들의 다양한 생각을 존중하자, 자유롭고 능동적으로 일할 수 있는 분위기가 형성되었다. 협동, 조화, 책임감, 자긍심이 자리 잡았고 그로 인해서 발전적인 토론과 신속한 의사결정이 이루어졌다. 상명하복의 일방적인 지시가 아닌 진정한 소통이 이루어지며 서로 감정 씨름을 할 필요가 없어졌다. 오히려 의지하게 되었다. 서로에 대한 험담이 아닌 장밋빛 미래에 대한 희망과 격려가 오가게 되었다.

평등과 존중이 조직 문화에 미치는 긍정적인 영향을 아는지 대기업을 시작으로 직장 내 호칭 체계를 바꾸는 곳이 늘어나고 있다. 지지하고 응원한다. 하지만 진짜 중요한 것은 껍데기에 지나지 않는 수평적 호칭 문화 개선이 아니다. 우리를 그동안 길들여온 낡은 서열주의가 부여한 '허락되지 않은 권한'을 내려놓을 줄 아는 진정한 변화가 이뤄져야 한다.

단지, 다른 것일 뿐

직장을 한 번 옮겼다. 다양한 분야에서 경력을 쌓은 다양한 인재들이 함께 일하는 환경에서 배울 것이 많을 거라 생각했다. 하지만, 아쉽게도 그 생각은 그리 오래가지 못했다. 직위가 높거나 나이가 많은 사람들은 마치 본인들이 경험한 시스템과 경험이 절대불변의 법칙인 듯 공통적으로 '원래'와 '당연히'를 입에 달고 살았다. 그로 인해 동반자 정신과 협업은 안드로메다로 보내버린 채 분열과 대립의 관계만이 남게 되었다. 그들이 남발한 '원래'와 '당연히'는 이유가 불분명하고 합리적이지 않은 강요에 불과했다. 이런 상황은 우리도 자주 겪어보았거나, 누군가에게 한

번쯤 경험시켜주었다. 나도 그랬다. 내 경험에서 비롯된 나의 현재 가치관이 그들에게 대단해 보일 것이라는 착각, 그들도 반드시 알아야 한다는 착각에 사로잡혀 그들의 마음에 함부로 침범해서 그들을 혼란스럽게 만들었다.

나뿐만이 아니다. 나이가 많든 직장 상사든 심지어 부모든, 서열 상위에 있는 사람들은 자신이 가지고 있는 생각이 서열 하위자들보다 우월하고 그 생각이 항상 옳다는 착각에 빠져 있다. 반대로 말하면 서열 하위자들은 자신보다 경험이 부족하고 생각의 깊이가 얕다고 여긴다. 그래서 무언가를 억지로 머릿속에 집어넣어주려 애를 쓰기도 한다. 그 결과, 남의 마음에 허락도 없이 침범해서 이러니 감을 놓고, 저러니 배를 놓으라고 쉽게 말한다. 자신의 생각이 맞고 상대의 생각이 틀렸다는 것에서 비롯되는 그런 행동은 서열 하위자들에게 그저 근거 없는 압박과 강요, 꼰대의 시답잖은 잔소리로밖에 여겨지지 않는다.

하지만 사람들의 생각에 틀림은 없다. 생각에 정답은 존재하지 않는다. 옳고 그름의 문제가 아니라, 그저 서로 다를 뿐이다. 따라서 인정하고 수용해야 한다. 나이? 그건 관계없다. 나이의 많고 적음을 떠나 다름보다는 '틀렸다'는 시선으로 상대를 대하며 다양

마흔, 나는 길들여지지 않기로 했다

성을 인정하지 않으려는 생각 자체가 사람들을 꼰대로 만든다. 불통의 아이콘이 되고, 기피 대상 1순위가 된다. 자신이 존중받을 기회를 스스로 날려버리는 것과 다름없다.

서열주의와 낡은 교육과 잘 길들여진 군중은 우리에게 틀림의 시선을 물려주었다. 하지만 우리는 길들여짐의 울타리에서 벗어나 다름의 시선으로 사람들을 바라보아야 한다. 그것이 상대를 존중하는 기본이며, 자연스럽게 자신도 존중받도록 만들어준다.

PART 3 나는 길들여지지 않기로 했다

잠깐, **읽어보자!**

〈알아두면 쓸데없는 신비한 잡학사전〉의 출연자 5명이 하루 일정을 마치고는 고깃집에 방문한다. 그들이 둘러앉아 이런저런 얘기들을 이어가고 있을 때, 가장 연장자인 유시민 작가가 집게와 가위를 들어 고기를 굽기 시작했다.

그 상황에서 "제가 막내인데 제가 구워야할 것 같다"며 나선 사람은 장동선 박사였다. 그의 그런 행동에 유시민 작가가 "고기 굽기는 서열주의가 아닌 능력주의로 바뀌어야 한다."라며 농담 반 진담 반으로 한마디를 던졌다. 그리고 자신의 고기 굽기 실력을 믿어도 좋다며 계속해서 집게와 가위를 들고 부지런히 고기를 구워나갔다. 잠깐 어색했던 분위기는 이내 사라졌고, 그들은 웃으면서 대화를 이어갔다.

우리는 선배와 후배 세대의 중간에 있다. 그들이 '먼저' 바뀌기를 기대하지 말고 바로 우리가 하나둘씩 기존의 울타리를 깨부수는 선두에 서야 한다.

울타리의 진실을 의심하고 함께 그 밖으로 뛰쳐나가거나 균열을 일으켜야 한다. 그 시작과 과정을 전파하고 후배들에게 물려주어야 하는 것이 우리의 역할이자 의무이다.

우리가 서열주의를 앞장서서 파괴하지 않으면 서열 하위자들은 서열 상위자들의 눈치를 보며 울타리가 세워둔 그들의 역할에 충실하게 된다. 그런 상황은 사람들을 계속해서 유교가 싸질러 놓은 배설물의 피해자로 만들 뿐이다. 그러므로 우리가 먼저 무너뜨려야 한다.

❿ 변호사 오세범

언어학자를 꿈꾸며 서울대학교에 입학했지만, 유신철폐 시위에 참여해 제적을 당한 뒤 징역 2년의 실형을 선고받고 복역하게 된다. 그 후에도 여러 사건으로 복역하게 된 그는 그렇게 20대를 보낸 후 바깥 세상에 나오게 된다. 그의 인생은 힘겨웠다. 보일러공부터 법무법인 상담실장, 작은 신문사 근무까지 고졸 학력으로 가족의 생계를 위해 정신없이 달리다 보니 어느새 마흔이 되었다.

대부분의 사람이 '안정된 삶'을 추구할 나이였지만 그는 자신이 하고 싶은 일을 찾기로 했다. 마흔한 살에 사법 시험 공부를 시작한 그는 15년간의 수험생활 중 2차만 8번 도전한 끝에 합격했다.

그는 자신의 합격 비결을 이렇게 말한다. "시간은 좀 걸리더라도 반드시 합격한다는 마음으로 꾸준히 공부했기 때문이다."

비교하면
뭐가 달라지나?

> "경쟁에는 좋은 경쟁과 나쁜 경쟁이 있다. 좋은 경쟁의 주체는 '자신'이다.
> 오로지 자신에 충실하며 최선의 목표를 향해 전력 질주하는 경쟁이다.
> 반면 나쁜 경쟁의 주체는 '남'이다. 사사건건 남을 의식하고 남과 비교하며,
> 이기는 데 목표를 둔 경쟁이다. 인생이라는 마라톤의 참된 의미는 순위 다툼이 아니라
> 자신과 싸워 자신의 역량을 최대한 발휘하는 데 있다."
>
> – 강지원

사촌이 땅을 사는 게 나랑 무슨 상관?

'사촌이 땅을 사면 배가 아프다.'라는 속담이 있다. 나는 자주 배가 아픈 사람이었다. 하지만 언젠가 보았던 다큐멘터리 속 인터뷰 장면 하나로 더 이상 배가 아프지 않게 되었다. 소시지 만드는 일을 하는 북유럽 청년의 짤막한 인터뷰는 습관이 된 내 배앓이를 낫게 해주었다. 내용은 이랬다.

Q: 당신은 지금 일에 만족하시나요?

261

A: 그럼요, 저는 아주 행복하답니다. 자랑스럽기도 하고요.

Q: 취재를 하다 보니 당신의 지인들은 당신보다 훨씬 편한 일을 하기도 하고 더 높은 급여를 받던데 부럽지 않나요?

A: 전혀요.(질문이 어이없다는 듯 웃으면서) 제가 왜 부러워해야 하죠? 더 편한 일을 하고 더 높은 급여를 받으면 그들이 행복한 거지, 그게 제가 불행해야 할 이유는 아니잖아요. 저와는 아무런 관계가 없어요. 저는 그저 제 일이 만족스럽고 좋아요. 그래서 행복해요.

내게는 적잖이 충격적인 인터뷰였다. 그 뒤로 나는 길들여짐의 울타리 안에서 밥 먹듯 하던 비교를 더 이상 하지 않게 되었다. 누구네 아이가 어떻다느니, 누구네 아빠가 연봉이 어떻다느니, 고등학교 친구가 뭘 해서 부자가 되었다느니, 누구네 집이 어떤 차를 샀다느니, 누가 얼마짜리 복권에 당첨되었다느니 등등의 이야기를 듣고 나의 처지와 비교해보았자 내가 얻는 것이 없다는 것을 깨달았기 때문이다. 소시지를 만드는 청년의 말처럼, 좋으면 그들이 좋은 거지 내가 좋지 않아야 할 이유는 아니기 때문이다. 남과 비교해서 내가 상대적 우위에 있어야 행복한 것이 아니라 비교와는 아무 관계없이 내가 어떤 과정과 결과 앞에 행복한 것, 그것이 진짜로 중요하기 때문이다. 그리고 비교는, 나와 내 가족을 자꾸만

마흔, 나는 길들여지지 않기로 했다

'비교라는 뫼비우스의 띠'에 가두고 길들여짐의 울타리에서 벗어나지 못하도록 방해하기 때문이다.

나는 비교에서 자유로워지면서 비로소 나를 소중히 여기게 되었고, 남들의 삶에 나를 끼워넣지 않고 오롯이 내 삶에 더 집중할 수 있게 되었다. 타인과 비교하며 '그들도 그러할 것이니 나도 이 정도면 괜찮겠지?'라는 안일함으로 무장된 나약하고 타인 중심적인 사고에서 벗어날 수 있었다. 쓸데없이 나를 비하하지 않고, 내 가족을 남들과 비교하지도 않게 되었다. 비교를 버리자 자연스레 나 자신이 가장 소중하다는 것을 깨달았고, 더 이상 남을 바라보며 살아가지 않게 되었다. 아이에게 지금도 말하고 있다. "남과 비교하지 말아라. 중요한 것은 너 자신이다."

비교에는 끝이 없다. 비교로 내가 행복할 수 있는 시간보다 불행할 시간이 훨씬 많다. 비교를 그만두지 않는 한, 그곳에서 빠져나올 방도는 없다.

나만의 길, 나만의 속도

비교쟁이로 살면서 늘 하던 생각은 '저 친구는, 저 사람은 자신의 길을 잘 찾아가는데 내 길은 어디 있는 걸까? 나는 도대체 무엇을 하고 있는 걸까?'였다. 또 직장 동료처럼 나와 처지가 비슷해 보이는 이들과도 얘기를 하다 보면 그들은 이미 무언가를 계획하거나 실행에 옮기고 있는 반면, 나는 그저 방황하고 있었다. 그들은 저만치 달아나버렸는데 나는 계속해서 그 자리에만 머물고 있다는 것이 무척이나 답답하고, 불안했다. 비교의 길들여짐에서 탈출하면서 이 모든 것은 더 이상 중요하지 않게 되었다. 그리고 몇 가지를 깨닫고 반복해서 되새기자, 더욱더 마음이 편해졌다.

- 사람마다 각자의 길이 있다. 아직 발견하지 못했더라도 나만의 길이 있을 것이다. 조바심에 그들이 가는 길을 나도 무턱대고 따라갈 이유가 없다. 내가 갈 수 있는 길을 스스로 찾자. 그것이 내 인생을 내 의지대로 사는 방법이다.

- 사람들이 각자의 길을 저만치 달려가고 있는 것은 내가 뒤처지는 것이 아니라, 그들이 선택한 길을 그들만의 속도로 가는 것이다. 그러니 옆 사람이 빨리 간다고 내가 불안해할, 늦게 간다고 안심할 필요가 없다. 그들의 속도와 내 속도는 그저 다를 뿐이지 늦고 빠르고, 잘되고 잘못된 것의 문제가 아니다. 나 자신을 그들과 경쟁하는 트랙 위에 둘 필요가 없다. 그곳에서 벗어나 아무도 없는 나 혼자만의 길 위에 서서 나만의 속도로 달려나가면 그뿐이다. 그곳이 내가 진

마흔, 나는 길들여지지 않기로 했다

짜 서야 하고 가야 하는 길이다.

- 삶의 속도가 느리다고 실패하는 것도, 빠르다고 무조건 성공하는 것도 아니다. 빠르게 쏟아지는 물은 잔을 빠르게 채울 것 같지만 결코 다 채울 수 없다. 하지만 천천히 담기는 물은 느려도 잔을 가득 채울 수 있다. 삶의 속도는, 비교가 만들어내는 허상에 불과하다.

책을 쓰기로 하면서 접한 많은 광고 문구 중 하나는 '시간'에 집중되어 있었다. "1개월 만에 나도 책을 낼 수 있다." "3개월 안에 작가되기." 이런 광고 카피는 삶의 속도에 매몰되어 있는 사람들을 시간으로 자극했고 사람들의 관심을 끌기에 충분해 보였다. 즉 다수의 사람이 거기에 길들여져 있다는 것이다. 하지만 나는 다행히 속도의 함정에 빠지지 않았고, 이 책을 완성하기까지 1년이 넘는 시간을 나 자신과 싸웠다.(속도에 목메여 단기간에 무언가를 이루어보려 했다면 이 책은 출간되지 못했다.) 고통의 시간이 계속되었다. 하지만 삶의 속도가 내게 주는 비교가 더 이상 내 머릿속에 남아 있지 않기에 1년이 넘는 시간 동안 수만 개의 단어를 쓰고 지우기를 반복하면서 이 책을 완성할 수 있었다.

내 끈기를 자랑하고자 하는 말이 아니다. 부디 당신이 내 경험과 거기에서 비롯된 나의 변화를 조금이라도 느낄 수 있기를 바랄 뿐이다. 삶의 속도라는 것은 결국 비교가 만들어내는 허상임을 알았으면 좋겠다. 왜냐고? 자, 당신이 비교에 익숙한 사람이라 가정해보자. 만약 당신이 비교 대상으로 생각하는 누군가보다 빨리 무언가를 이루면 당신은 그 삶에 만족하면서 살아갈까? 절대 아니라고 확신한다. 당신은 아마도 당신보다 앞서 있다고 생각하는 새로운 누군가를 목표로 삼아 그 사람을 쫓아가거나 추월하기 위해 안간힘을 쓸 것이 분명하기 때문이다. 영원히 끝나지 않는 굴레에 갇혀, 평생 남의 뒤꽁무니만 쫓아다니며 스스로를 괴롭히며 힘들게 살아갈 것이 분명하기 때문이다.

그간 당신의 삶은 어땠는가? 학교를 비롯해 우리를 길들여온 장벽들로 인해 당신은 당신도 모르게 자신이 아닌 남을 바라보며 살아온 것은 아닌가? 그리고 마흔이 된 지금도 그렇게 살고 있지 않은가? 그것이 당신의 마음을 답답하게 만들고, 자신을 하찮게 여기도록 만들고, 비관적이고 기운 빠지게 하고 괴롭고 희망이 없는 미래를 생각하게 하지는 않는가?

이 물음 중 몇 개나 당신에게 해당되는지 모르겠지만 비교라는 굴레 안에서 당신이 얻은 것은 거의 없다는 사실을 알게 될 것이다. 나도 내 과거를 돌아보았다. 그랬더니 역시나, 아무것도 얻은 게 없었다.

마흔, 나는 길들여지지 않기로 했다

여기서 끝이 아니다. 비교에 젖은 당신의 삶이 당신의 아이에게도 당신과 같은 어두운 마음들을 심어주고 있는 것은 아닌지 반드시 생각해보아야 한다. 너무나 당연한 말이지만 아이들은 부모로부터 많은 것을 보고 느끼고 배운다. 만약 당신이 여러 가지 부정적인 비교에 길들여진 삶을 살아가면, 그런 생각은 말과 행동으로 어떻게든 드러나기 마련이다. 그리고 아이들이 당장 당신의 말과 행동으로 타인과의 비교에 1차적인 대상으로 여겨질 가능성이 매우 크고 거기에 쉽게 노출되어 자랄 확률이 크다. 그러니, 우리의 사랑으로 자라는 아이들에게 불필요한 비교와 삶의 속도에 매몰된 가치관을 심어주고 있지는 않은지, 그로 인해 자녀들이 괴로워하고 있지는 않은지도 함께 되짚어보자. 그리고 얘기해주자.

"자꾸만 곁눈질하게 되고 자꾸만 남들보다 뒤처져 보이게 만드는 경기장에서 그만 빠져나와라. 대신, 상대를 볼 필요도 없고 볼 수도 없는 너만의 길 위에 당당하게 서라. 그곳이 바로 네가 걸어갈 길이다."

정해진 길, 정해진 속도는 없다. 대중이 만들어놓은 길, 그리고 그들이 정해놓은 삶의 속도라는 길들여짐의 울타리에서 벗어나 각자만의

267

길, 각자만의 속도로 삶을 살아가야 한다. 그것이 남들에게 이끌려가지 않는, 스스로가 삶을 이끌어갈 수 있는 또 하나의 방법이다.

남에게
의존하지 않는 삶

> 변화는 우리가 누군가나 무엇, 혹은 후일을 기다린다고 찾아오지 않는다.
> 우리 자신이 우리가 기다리던 사람이고 우리가 바로 우리가 추구하는 변화이다."
>
> – 버락 오바마

당신이 직장인이라면 한 가지 물어보고 싶다. "언제까지 그곳에 머무를 생각인가?" 당신의 대답은 무엇인가? 그곳에서 정년까지 다니는 것? 아니면 지금보다 더 연봉이 높은 곳으로 이직하는 것? 임원이 되어 최대한 오랫동안 일하는 것? 그 무엇을 선택하든 당신의 자유이며, 내가 맞다 틀렸다를 논할 자격이 없다는 것은 잘 알고 있다. 하지만 당신이 계속해서 누군가에게 급여를 받으며 회사에 다닐 생각이라면 상황이 어떻게 바뀌든 누군가에게 내 시간과 남은 인생을 맡기고 있다는 것은 변하지 않는다. 부모님을 비롯한 어른들의 말을 철석같이 믿고 세상의 요구에 잘 길들여져 살아왔더니 그저 그런 직장인이 되었다는 것이 당신과 내가 마주한 현실이다.(모두 그렇다는 말은 아니니 오해하지 않기 바란다.)

나는 아예 목표 자체가 없었다. 그냥 하루하루 같은 일상에 갇혀 쳇바퀴를 열심히 돌리고만 있었다. 그 바퀴는 나를 일정 시간 동안 가두어두었고, 계속해서 바퀴를 돌릴 수 있게 누군가가 한 달에 한번 먹이를 주고 있었다. 지금까지는 아무렇지 않게 살아왔다. 하지만 더 이상은 아니다. 나보다 쳇바퀴를 잘 돌릴 수 있는 누군가가 나타나면 나는 그 자리를 내주어야 한다. 더 이상 쳇바퀴가 필요 없어지면 나는 그곳에 있을 필요가 없는 것이다.

그랬다. 언뜻 나를 위해 돌리는 것인 줄 알았던 그 바퀴는 사실 내가 아닌 내 주인을 위해 돌리는 것임을 알게 되었다. 나는 회사라는 울타리에 갇힌 한 마리 햄스터에 불과했다. 언제 쫓겨날지 모르는 불안감에 휩싸여 있지만 그 어느 것도 할 수 없는, 그야말로 잘 길들여진 존재였던 것이다.

답은 하나다. 그 좁은 공간에서 내팽개쳐지기 전에 스스로 그곳에서 탈출하는 것. 그래서 그동안 경험하지 못했던 더 넓은 세상을 마음껏 활보하며 자유의지로 살아가는 것. 그것이 내가 해야 할 일임을 알게 되었다. 나는 남에게 의존하고 있는 직장인의 삶을 최대한 빨리 정리하기로 마음먹었다. 울타리를 탈출하기 위해 계획을 세웠다. 온라인 게임과 TV 시청으로 시간을 보내며 남들과 다를 바 없던 삶을 살던 나는 온라인에서 작가 활동을 하고, 수시로 책을 읽으며 매일 새벽에 글을 써내려가고 있다.

아쉽게도 나의 계획이 아직 현실이 되지는 못했다. 하지만 어디에도 길들여지지 않은 채 온전히 스스로를 이끌어가려는 노력은 나를 울타리 밖으로 끌어줄 것이라 믿어 의심치 않는다. 그리고 반드시 탈출할 것이다. 다시 길들여짐의 울타리로 들어가 결코 내 의지대로 돌아가지 않는 회사에 나를 맡겨둔 채 살아갈 수는 없기 때문이다. 그곳에서 원치 않는 일을 하며, 원치 않는 상황을 마주하며, 매 순간 억지로 참아가는 삶을 계속해서 살아갈 수 없기 때문이다.

그렇다고 당신도 나처럼 직장을 그만두겠다는 계획을 세우라는 말은 아니니 오해하지 말기 바란다. 당신도 이미 알고 있겠지만, 단지 직장이 당신의 인생을 책임져주지 않는다는 것을 다시 한 번 상기시켜주고 싶

을 뿐이다. 다만 반드시 당신의 상황을 돌아보기 바란다. 그리고 고민해
보기를 바란다. 나도 경험해보아서 막연하고 답답하다는 사실을 알고 있
다. 하지만 내가 이렇게 마음먹고 커다란 결심을 하게 된 것처럼 당신도
당신의 길을 찾을 수 있다. 정말이다.

반대로, 당신이 직장인이 아니라는 가정하에 물어보자. 당신이 하는
그 일, 당신이 고민 끝에 당신의 결정으로 하고 있는 것인가? 아니면 누
군가가 좋다고 해서 하는 것인가? 그 일을 하면서 어렵고 싫지만 마지못
해 하고 있는가? 게다가 불행하다고 생각하는가? 아니면 힘들지만 당신
을 활기차게 해주고 내일을 기다리게 해주는가? 순간의 고통이 가까이
있을 행복을 가져다줄 것이라 믿어 의심치 않는가?

무슨 일이든 관계없다. 당신의 고통과 행복은 당신의 결정에서 비롯
된 것이다. 그게 당신의 의지라면 주위에서 포기를 말해도 당신은 고통
을 인내하며 앞으로 나아갈 것이다. 하지만 반대로 타인의 의지라면 당
장 마주하고 있는 현실을 외면하고 싶어함과 동시에 그 사람을 원망하고
자신의 미련한 결정을 후회하느라 잠을 이루지 못할 것이다. 내일이 오
지 않았으면 좋겠다고 수도 없이 생각해보지만, 결국 미친 듯이 싫은 새
로운 날을 마주할 수밖에 없을 것이다.

마흔, 나는 길들여지지 않기로 했다

사람에, 문화에, 제도에 길들여진다는 것은 결국 자신을 남에게 맡겨두는 것이다. 그리고 어떻게 되든 신경 쓰지 않고 있다가 막상 현실로 마주할 결과는 고스란히 자신이 모두 책임지겠다고 하는, '인생 위임 계약서'에 도장을 찍은 것이나 다름없다. 나도 마찬가지로 그 계약서에 도장을 찍었다. 그리고는 후회하고 있다. 하지만 이제 나는 계약을 파기하려 한다. 당신은 어떠한가? 당신이 죽을 때까지 계속될 종신 계약을 유지할 생각인가, 아니면 나처럼 파기할 작정인가? 다시 한 번 당신에게 묻고 싶다. 끌려가는 삶을 살 텐가, 끌어가는 삶을 살 텐가?

마흔, 나는 길들여지지 않기로 했다

275

어디에도
틀린 인생은 없다는 사실

이 세상엔 두 부류의 인간이 있다. 한 부류의 인간은 자기 길을 가는 인간이고,
다른 한 부류의 인간은 그 길을 가는 사람에 대해 말하며 사는 인간이다."
– 프리드리히 니체

"취직은 언제 할래? 결혼은 언제 할래? 아이는 언제 가질래? 둘째는 언제 가질래? 다둥이가 대세라더라. 집은 언제 살래? 차는 언제 살래?"

언젠가(경우에 따라 지금도) 마흔이 되기 전에 우리의 귀를 거쳐갔던 말들이다. 그리고 잠자코 있던 뇌가 자극받아 분노의 아드레날린이 마구 뿜어져 나온 적이 있을 것이다. 인내심이 시험받았을 것이 분명하고, 어찌할 방법을 찾지 못해 답답한 가슴을 때려가며 잠을 이루지 못한 날도 있을 것이다. 도저히 참지 못해(내가 그랬던 것처럼) 집안을 뒤흔들어놓은

마흔, 나는 길들여지지 않기로 했다

사람들도 있을 것이다.

우리를 이런 상황으로 몰아넣는 범인은 안타깝게도 우리가 사랑해 마지않는 부모님을 비롯한 가족들이다. 냉정하게 따져보면 가족들은 오지랖퍼다. 다 큰 아들딸들이 아직도 아이로 느껴지는 부모의 심정, 형제자매 간의 사랑은 이해하지만 그것과 오지랖은 엄연히 구분되어야 한다.

상대방의 의사를 물어보는 것은 관심이지만, 자신의 의사를 일방적으로 전하는 것은 오지랖이다. 관심은 들을 준비가 되어 있는 것이지만 오지랖은 듣지 않고 일방적인 요구를 하겠다는 것과 같다. 즉, 압박과 강요에 가깝다. 관심은 존중을 포함하지만, 오지랖은 존중이 빠져 있다. 오지랖은 서로 감정의 벽을 만들 뿐이다. 하나의 다른 생각이 아닌 틀린 생각이라 가정하기 때문이다. 다름은 다름으로 남아야 하지만 틀림으로 접근하고 말하는 순간 강하게 부정하고 싶어진다. 그리고 그 순간, 갈등으로 이어진다.

"아냐. 그게 아니라 이게 맞아. 나 때는…. 요즘 사람들은 말이야…."

마찬가지로 이런 말을 하는 사람들은 꼰대로 취급받는다. 그들은 세상 좀 살아보았다고, 나이가 어린 사람들보다 많은 경험을 해보았다고 감히 그렇게 말하는 건지도 모르겠다. 하지만 나이가 많다고, 많은 경험을 해보았다고 해서 자신이 거쳐온 삶에서 비롯된 생각들이 모두 옳은 것은 아니다. 그 생각은 잘못된 것도, 틀린 것도 아닌 그냥 많은 생각 중 하나일 뿐이다. 사실 좋은 의도일 수 있지만 상대의 입장이나 마음과는 동떨어진 조언 같지 않은 오지랖이 될 확률이 높다.

좋게 생각하면 상대가 안쓰러워서, 지름길을 알려주고 싶어서, 경험에서 우러난 기가 막힌 노하우를 전수해주고 싶어서라 여길 수 있다. 하지만 중요한 것은 상대다. 상대가 원치 않는 것은 아무리 좋은 의도라 해도 그들의 마음 한구석에 불편함을 만들 수 있다. 다름을 틀림으로 오해하고 있다면 더더욱 위험하다. 이제 마흔이 된 우리도 자칫 그런 상처를 줄 수 있는 경험과 나이와 노하우라는 조건을 갖추고 있다. 게다가 서열주의에 길들여져 있다. 자칫 우리의 생각과 말과 행동을 아무렇지 않게 드러내는 순간 우리도 꼰대이자 오지라퍼가 된다. 아니, 이미 되어 있는지도 모른다.

이런 이유로 나는 틀림의 시선을 버리려 노력하고 있다. 정말로 해주고 싶은 조언이나 공유해주고 싶은 노하우가 있다면 항상 강조한다. "선

마흔, 나는 길들여지지 않기로 했다

택은 당신의 몫입니다."라고. 내 눈에 답답해 보여도, 힘들어 보여도 그들이 안고 가야 하는 그들의 몫이다. 하지만 내가 강요하는 순간부터 내 말은 다름에서 비롯된 또 하나의 선택지가 아닌, 상대가 틀렸다는 것으로 전제하며 상대의 생각을 무시하는 것이 된다. 하지만 길들여진 사람들은 그들이 생각하는 틀릴 것 같은 인생을 살지 말라고만 한다. **그러면 어떤 삶을 살아야 틀리지 않은 삶인가? 그따위 것은 없다.** 내 것도 아닌 남의 인생을 감히 틀렸다고 말할 수 있는 사람이 누가 있는가? 그럴 수 있는 사람은 존재하지 않는다. (당연히 범죄와 같이 타인에게 피해를 주지 않는 일반적인 삶을 전제한다.)

마흔이 된 우리는 세상 좀 살아보았다고 아이들이나 후배들에게나 동료들에게 틀릴 것 같은 삶을 기피하라고 말해서는 안 된다. 그들은 그들의 삶을 살고, 그들의 삶은 존중받아 마땅하기 때문이다. 세상 좀 아는 척하는 우리가 무심코 던지는, 답이 정해져 있는 듯한 한마디 한마디를 조심해야 한다. 타인의 인생을 책임질 수 없기 때문이다. 그리고 앞으로 스스로의 삶도 어떻게 될지 모르는 마당에 남의 삶을 운운하는 자체가 틀려먹은 생각이다.

혹시 당신은 틀림의 관점으로 세상을 바라보고 있지는 않은가? 그렇다면 다름의 관점으로 주변을 둘러보라. 당신의 생각, 라이프스타일, 습관, 경제관념, 교육관은 전 세계 수십억 사람들과 다른 당신 한 명의 것일 뿐이지 절대적인 기준이 될 수는 없다. 반대로 말하면 다른 누군가가 당신의 고유한 개성이 틀렸다고 일방적으로 정의할 수도 없다는 말이다. 그렇다. 남의 인생이 '틀려' 보이면 내 인생도 누군가에게는 '틀린' 인생으로 보인다. 하지만 남의 인생이 '달라' 보이면 내 인생도 단지 다른 사람들과 '다른', 마땅히 존중받을 수 있는 인생이 된다.

마흔, 나는 길들여지지 않기로 했다

박항서 베트남 축구 대표팀 감독. 그는 베트남 축구 역사의 한 획을 긋고 국민들에게 엄청난 자부심을 갖게 함과 동시에 한 명의 대한민국 국민으로서 자국의 위상과 이미지를 드높이는 등 큰 기여를 했다.

인터뷰 중 그가 대표팀을 맡으면서 처음으로 한 말은 이것이었다.

"첫 번째로 당신들의 문화를 무조건 존중해주겠다."

그는 자신의 약속을 지키기 위해 많은 노력을 했다. 대표적인 베트남 음식인 쌀국수 먹기를 즐기기 위해 노력하는 것은 물론 한국과 다른 훈련 방식, 시간 활용 방식 등도 최대한 배려하고 존중해주었다.

결과적으로 그러한 그의 노력은 선수들이 그를 따르는 밑거름이 되었고, 그것이 베트남 축구의 새 역사를 쓰는 데 있어 기본이자 핵심 요소로 작용한 것이다.

그는 틀림이 아닌 다름으로 접근했다. 그런 접근은 선수들이 존중받는다는 느낌을 받도록 하고, 감독의 리더십을 수용하고 소통하게 만들었다. 선수들이 스스로 안 된다며 선을 그어두었던 스스로의 역량을 무제한적으로 쓸 수 있도록 바꾼 것이다. 만약 그가 틀림의 관점으로 접근하였다면 그 또한 실패한 지도자라는 낙인이 찍힌 채 일찌감치 귀국했을지도 모른다.

마흔, 나는 길들여지지 않기로 했다

어쩔 수 없다는
그럴싸한 핑계는 이제 그만

"나도 알아. 그런데 어쩔 수 없잖아."

"뭐 어때서? 다들 그러는데."

"이제 와서(또는 이 나이에) 무슨…."

이런 대답에는 '나만 그런 것도 아닌데 굳이 내가 변하려고 노력할 이유는 없어.', '모든 것이 이대로 유지될 것인데 불편하게 왜?', '귀.찮.아.'라는 그럴싸한 핑계도 포함되어 있다. 이런 핑계는 그저 기존의 울타리에 계속해서 갇혀 살겠다는 것에 지나지 않는다. 그리고 변화의 필요성을 알고만 있는 것에 불과하다. 결국 변하는 것은 아무것도 없다. 계속해서 다른 사람들과 다르지 않은 삶의 목표를 갖고, 그들과 유사한 도덕성을 갖고, 그들과 유사한 방식으로 하루하루 살아갈 뿐이다. 그리고 스스로가 이끌지 못하는 삶을 살아가면서 괴로워할 뿐이다.

이런 사람들을 통해 한 가지 확인한 사실은 자신의 상황에 대해 계속해서 불만만 가지고 있으면서 정작 해결을 위한 노력은 아무것도 하지 않는다는 사실이다. '이래서 그래, 저래서 그래. 그러니 내 잘못이 아니라 세상이 문제야. 사람들이 문제고 시스템이 문제야.'라며 자신의 잘못은 없다고 착각한다.

하지만 그런 핑계는 기존의 시스템을 유지하도록 만드는 원동력을 제공할 뿐이다. 그리고 핑계는 포기의 다른 말이기도 하다. 보다 긍정적이고 합리적인 변화의 필요성을 알면서도 그다지 애쓰고 싶지 않거나, 의미가 없다고 여기는 것에 불과하다. 그런 생각은 그냥 지금까지 길들여져 온 삶을 계속해서 유지하겠다는 것과 다르지 않다. 길들여지지 않는 삶으로의 변화를 포기하겠다는 것과 다름없다.

당신이 그렇게 살고 싶다면 계속해서 그렇게 살아도 된다. 아무런 노

마흔, 나는 길들여지지 않기로 했다

력 없이 계속해서 세상에 길들여져 힘들어하면서 살고, 아이들도 계속해서 그 삶 속에 갇혀 힘들어하면서 살도록 두어도 된다. **아무런 결정도 하지 않은 채 어쩔 수 없다는 핑계를 대면서 살아가도 누구도 뭐라 하지 않는다. 그냥 그게 당신의 삶이 될 뿐이다.** 당신의 인생이다. 당신이 책임지면 그만이다. 괜찮다. 핑곗거리는 많지 않은가? 당신을 다시 마주하는 울타리 안의 동료들도 괜찮다고 할 것이다. 다 겪어본 일이라면서 그다지 문제 될 것이 없다고 격려할 것이다. 계속 그들처럼 같이 살아가자고 할 것이다. 말했듯이 그게 당신의 인생이 될 뿐이다.

하지만 지금까지와는 다른 삶을 원한다면, 아이에게도 그런 삶을 물려주고 싶지 않다면 당신은 변화해야 한다. 울타리를 뛰쳐나와야 한다. 당신더러 울타리를 고치라는 말을 하는 것이 아니다. 다만, 지금까지 늘어놓았던 핑계로 끌려 다니던 삶을 합리화시키는 대신에, 스스로가 무언가를 행동으로 옮기라는 말이다. 당신만의 울타리를 만들 수 있도록 자리에서 어서 일어나라는 말이다.

나는 그런 적이 없다고 부인하지 않겠다. 하지만 변화의 필요성을 절실히 깨달은 나는 핑계를 줄였다. 그랬더니 전에 없던 무거움이 어깨를 짓눌렀고, 지금도 짓누르고 있다. 다이어트를 위해 그동안 아무렇지 않게 먹어왔던 음식들을 과감히 쓰레기통으로 던져버리고 맛없고 밍밍하고 퍽퍽한 닭 가슴살로 매 끼니를 때우는 거라면 이해가 쉬울까?

나중에서야 알게 된 사실이지만 내가 목표로 하는 모습으로 돌아가기 위해 필요한 괴로움은 길들여진 삶으로 돌아가지 않기 위해 반드시 따라온다.(책에서만 접했던 얘기들이 진짜라는 것을 비로소 알게 되었다.) 달콤한 음식들의 유혹을 뿌리치며 감내하는 시간이 몸의 변화로 나타나듯이, 핑계가 주는 순간의 안락함과 달콤함을 뿌리치며 만들어가는 시간은 점점 스스로 이끄는 삶에 가까워지도록 인도하기 마련이다.

나는 이 책을 완성하기까지 수많은 과정을 거쳤다. 책을 쓰게 될 거란 생각은커녕 읽어야겠다는 생각조차 하지 않고 살았다. 하지만 울타리를 벗어나고자 하는 커다란 변화의 절실함이 책을 읽고 글을 쓰게 만들었다. 무슨 글을 어떤 목적으로 어떻게 써야 할지에 대한 막막함을 마주했지만 그만두지 않고 끈질기게 고민했다. 셀 수 없는 과정을 반복하며 마침내 방향을 잡았다. 하지만 그 과정에서도 정성을 들여 쓴 글을 쓰레기처럼 여기고 버려보기도 했고, 썼던 글을 송두리째 뒤집고 다시 쓰기도

해보았다. 하나의 문제를 해결하면 또 다른 문제가 눈앞에 나타났고, 그 장벽을 넘기 위해 무언가를 계속해서 공부해야 했다. 그런 과정은 내게 좌절과 포기의 모습도 알려주었고, 한편으로는 굉장히 훌륭한 자극과 원동력이 되기도 했다.

과정과 결과를 떠나 하루하루 나와의 싸움이었다. 책을 쓰는 동안 나에게는 핑계를 댈 수 있는 기회가 얼마든지 있었다. 그럼에도 불구하고 나는 나 자신을 합리화하거나 핑계를 대지 않았다.(단 한 번도 없었다는 거짓말은 차마 못하겠다.) 만약 내가 '이만큼 했는데도 안 되는구나. 이 길은 내가 갈 길이 아니구나.' 혹은 '아 힘들다. 누가 알아주지도 않는데 그냥 남들처럼 살자.', '내가 이렇게 힘들게 글을 쓴다고 사람들이 알아봐 주기나 할까? 그만두자.'라고 생각했더라면, 당신과 나는 이 책을 통해 결코 만날 수 없었을 것이다.

핑계와 합리화를 버린 나는 남들 자는 시간에 일어나 아무도 없는 공간에서 강력한 의지로 만들어낸 나만의 시간을 오로지 책을 쓰는 데 바쳤다. 분명히 그 과정은 굉장히 괴로웠다. 하지만 내가 선택한 변화이고, 내가 선택한 일이었기에 스스로 채찍질할 수 있었다. 그래서 여기까지

끌고 올 수 있었다. 타인의 눈에는 힘들어 보이는 이 시간들이 오히려 1년을 넘게 이어온 지금은 밥을 먹고 잠을 자는 것과 같이 자연스러운 일상이 되어버렸다. 나는 그렇게 서서히 변해왔고 지금은 결과적으로 커다란 변화를 마주하고 있다.

당신은 어떤가? 변화가 필요하다고 느끼는가? 만약 그렇다면, 그럴 싸한 핑계는 이제 그만두자. 당신을 현재의 편안함에 묶어두고 당신이 길들여진 삶을 이어가도록 만드는 것에서 벗어나 행동으로 옮겨보자. 행동하는 것은 우리에게 거짓말하거나 침묵하지 않는다. 언제 어떻게든 우리에게 그만큼의 대가를 안겨준다. 나아가 괴로워도 멈출 수 없는, 당신만의 삶을 살기 위한 긍정적 변화에 중독되는 신비한 경험을 하게 될 것이다.

떠올리고 기억하라. 당신이 마주할 위대한 변화의 시작과 과정은 당신의 아이도 보고 느끼며 경험한다는 것을. 아이의 그런 경험은 평생 잊히지 않고 아이의 삶에 영향을 주며, 당신은 그것 자체로 이미 아이에게 영웅이라는 사실을!

길들여지지 않은 **마흔**들의 이야기

⓫ 정리 컨설턴트이자 기업인 나영주

정리에 소질이 없어 어수선한 환경에서 40년을 살던 주부 나영주씨. 결혼 후 그녀와 반대인 남편과 늘 다투기 일상이었다.

가정불화를 극복하고 싶은 마음에 도서관으로 향한 그녀는 정리에 관한 책을 섭렵하며 5년간 정리를 독학하기에 이른다. 이후 그녀의 정리 노하우를 상품화해 창업에 성공한 그녀는 평범한 주부에서 국내 최초 정리 컨설턴트로 거듭났다.

지금은 50대가 된 그녀는 멈추지 않고 방송과 라디오, 각종 강의, 유튜브 활동 등으로 열정적인 삶을 이어가고 있다.

마흔, 나는 길들여지지 않기로 했다

291

PART 3 나는 길들여지지 않기로 했다

에필로그

이제, 당신 차례다

먼저, 1년이 넘는 시간 동안 고군분투하며 타협이나 합리화, 포기 없이 먼 길을 꿋꿋하게 달려와준 나 자신에게 칭찬과 박수를 건네고 싶다. 그런 과정이 없었다면 나와 당신이 이 책을 통해 만나는 기적 같은 일이 없었을 것이기 때문이다. 더불어, 그다지 위트 없고 무거운 내 얘기를 끝까지 들어준 당신에게 큰 감사를 표한다. 당신에게 내 생각을 최대한 잘 전달하기 위해 노력했는데 그런 노력이 충분히 녹아들었는지 모르겠다.

나는 40년이라는 결코 짧지 않은 세월을 살아온 우리가 얼마나 울타리

마흔, 나는 길들여지지 않기로 했다

안에서 잘 길들여져왔는지를 짚어주고 싶었다. 동시에 내 삶도 돌아보고 싶었다. 그리고 우리를 길들여온 울타리가 사실 우리 스스로의 삶을 살도록, 그 안에서 자신만의 행복과 아름다운 미래를 꿈꾸도록, 우리의 아이들이 우리보다 더 행복한 삶을 살 수 있도록 설계되어 있지 않다는 것도 알려주고 싶었다. 그래서 바뀌어야 한다고, 그 선두에 우리가 서야 한다고 말하고 싶었다.

우리가 갇혀 지내온 울타리는 오래되었다. 낡고 썩어 냄새마저 진동한다. 울타리를 고치고 싶어도 이미 살고 있던 사람들이 손대지 못하게 한다. 그리고 그들은 우리를 그 안에 자꾸만 가두어두려고 한다. 하지만 우리마저 그러면 안 된다. 우리는 우리 스스로를 지키고, 나아가 우리 아이들을 지키며, 또 자유롭게 드나들 수 있는 새로운 울타리를 만들어야 한다. 기존의 것보다 평등한 환경에서 자유로움을 보장받으며 각자의 삶을 사랑하면서 행복해할 수 있는 따뜻한 울타리 말이다.

내 이야기가 당신의 머리와 가슴속에 어떠한 울림을 주었는지 모르겠다. 당신을 비롯한 많은 독자들에게 미약하나마 긍정적인 변화에 도움이 되고자 하는 내 의도가 조금이라도 전달되었기를 바란다.

더불어 이 딱딱한 내용의 책을 읽어내느라 애쓴 당신이 틀림의 시선으로 내 생각을 '누구나 아는 뻔한 얘기'로 취급하고 휙 내던지지 않기를 바란다. 그저 '맞아. 맞아.' 또는 '아니야. 아니야.'로 순간의 경험에 그치지도 않기를 바란다. 그렇다고 당신이 내 생각에 전적으로 동의하라는 말도, 무조건적인 신념으로 여기라는 말도 아니다. 다만, 당신이 갖고 있던 기존의 생각에 조금이라도 균열이 생기기를 바라는 것이 내 진심이다. 그 자그마한 균열에서 비롯된 변화가 당신의 보다 나은 미래와 행복, 자녀들의 행복에 어떻게든 긍정적인 영향을 미쳤으면 좋겠다. 그리고 부디, 길들여지기를 거부하고 변화를 위해 어떻게든 행동으로 옮기고 있는 당신 자신을 만나게 되기를 강력하게 희망한다.

이 책을 쓰면서 당신의 긍정적 변화를 돕고 나처럼 힘든 과정을 겪지 않도록 도와줄 수 있는 체계적인 가이드를 준비하지 못한 것이 내내 아쉽다. 하지만 내가 변화를 위해 노력했던 몇 가지 과정과 결과들이 당신에게 자그마한 힌트가 될 수 있으리라 믿는다. 그리고 당신의 긍정적 변화 의지로 당신만의 솔루션을 반드시 찾을 수 있을 것이라 믿는다. 또 응원한다.

아직도 주저하고 있을 당신에게 마지막으로 해주고 싶은 말이 있다. 다른 그 어떤 것보다 분명한 사실은 당신이 행동하는 순간 당신의 생각

마흔, 나는 길들여지지 않기로 했다

과 의지가 입과 몸짓을 통해 세상으로 나온다는 것이다. 당신은 그렇게 변화하고, 당신의 가족을 비롯한 다른 누군가의 긍정적인 변화에 영향을 미칠 것이다. 그리고 변화를 위한 당신의 행동은 어떻게든 새로운 무언가를 만들어낼 것이다. 내가 타이핑한 하나의 주어와 하나의 동사가 한 권의 책이 되어 당신을 만날 수 있게 된 것처럼.

마흔 살의 동료들이여, 움직여라! 이제 길들여짐의 울타리를 과감하게 탈출해 완전히 새로운 당신으로 거듭날 차례다.

1년이 넘는 기간 동안
묵묵히 지켜봐주고 응원하고 격려해준 아내,

그리고
세상에 둘도 없는 보물인 딸에게
이 책을 바칩니다.

마지막으로
대한민국 마흔 살들의 위대한 변화를 응원합니다.